Wirtschaft heute

Schülerarbeitsheft

von

Dr. Bernd Crone
Reiner Kühn
Martin Lay

Dr. Felix Büchner · Handwerk und Technik · Hamburg

INHALTSVERZEICHNIS

	Seite im Arbeitsheft	Seite im Lehrbuch
1 Berufsausbildung und Arbeitswelt	3	
Berufsausbildung	3	8–11
Berufsausbildungsvertrag	5	12–17
Lebenslanges Lernen	7	18–23
Schlüsselqualifikationen	9	22
Arbeitsschutz	10	24–31
Jugendarbeitsschutzgesetz	11	26–27
Sozialversicherungen	13	32–43
Private Zusatzversicherungen	17	44–49
2 Grundlagen des Vertragsrechts	19	
Rechts- und Geschäftsfähigkeit	19	52–55
Willenserklärung und Rechtsgeschäft	22	56–59
Abschluss, Erfüllung und Inhalt des Kaufvertrags	24	60–65
Leistungsstörungen und Mängelrüge beim Kaufvertrag	26	66–70
Verjährung	29	71–74
3 Verbraucherbewusstes Verhalten	31	
Verbraucherberatung	31	80–86
Warenkennzeichnung	33	87–92
UWG, AGB	35	94–96
Produkthaftung	37	99, 149–159
Haustürgeschäft, Fernabsatzvertrag	38	96–99
Folgen von Zahlungsverzug	41	102–105
Kreuzworträtsel	44	80–105
4 Der Umgang mit Geld	45	
Zahlungsmöglichkeiten	45	108–118
Kaufkraftschwankungen	49	119–125
Europa, EU, EWWU, Euro	51	126–136
Sparen und Sparförderung	54	137–148
Verbraucherdarlehen	57	149–157
Verbraucherinsolvenz	59	158
5 Arbeitsrecht	61	
Einzelarbeitsvertrag	61	162–171
Kündigungsschreiben	63	166
Arbeitszeugnis	64	167–168
Kündigungsschutz	67	169–170
Tarifverträge und Betriebsvereinbarungen	69	172–178
Interessenvertretung der Arbeitnehmer	71	179–184
Mitbestimmung im Aufsichtsrat	73	182–183
Arbeitsgericht	74	185–187
6 Entlohnung der Arbeit	75	
Lohnformen	75	190–194
Gerechte Entlohnung	79	195–199
Arbeitszeitstudie nach REFA	81	–
Lohnabrechnung	82	200–204
Wirtschaftliche Aspekte der Entlohnung	83	205–209
7 Soziale Marktwirtschaft	85	
Markt und Preisbildung	85	212–217
Wettbewerbsstörungen	89	218–225
Bedeutung des Staates in der sozialen Marktwirtschaft	91	226–233
Die Leistung unserer Wirtschaft	92	234–239
Wirtschaftspolitik und Konjunktur	94	240–253
EU	99	254–258, 221 f.
Finanzierung der staatlichen Aufgaben	103	259–271
8 Simulation einer Unternehmensgründung	107	
Gründungshilfen und Standort	107	277–282
Unternehmensformen	109	283–289
Finanzierung	113	290–295
Betriebliche Kosten	115	296–301
Marketing	119	302–313

1 Berufsausbildung und Arbeitswelt

Berufsausbildung

Name: Datum:

1 Ausbilder und Auszubildende sind nicht immer einer Meinung. Diskutieren Sie die Aussagen der folgenden Illustrationen, indem Sie unter den Bildern zunächst einige Stichworte zu den dargestellten Positionen notieren.

Aussage 1

Aussage 2

2 Welche rechtlichen Bestimmungen bilden die Grundlage für die gesamte Berufsausbildung?

3 Damit die Berufsausbildung richtig durchgeführt wird, wird sie von der „zuständigen Stelle" überwacht. Welche Stelle ist für Sie zuständig?

4 Welche Aufgaben übernimmt diese „zuständige Stelle"?

5 In der Bundesrepublik Deutschland gilt das duale Ausbildungssystem.

a) Was bedeutet duale Ausbildung?
....

b) Welche Aufgaben haben Ausbildungsbetriebe und Berufsschule?
• Ausbildungsbetrieb: • Berufsschule:

....

....

c) Welche Vor- und Nachteile hat das duale System im Vergleich zu einer rein schulischen bzw. rein betrieblichen Ausbildung?
• Vorteile: • Nachteile:

....

....

....

....

6 Der Wandel der Arbeitswelt verändert die Qualitätsanforderungen an die Beschäftigten. Wie reagieren Deutschland und die EU auf diese Erfordernisse?
• Deutschland: • EU:

....

....

....

7 Markieren Sie die (waagerecht und senkrecht) versteckten zwölf Begriffe bzw. Abkürzungen.

D	Z	V	Y	K	R	S	M	N	W	Y	A	R	N	O	F	U	E	B	E	L
I	F	F	E	N	C	H	U	N	G	B	I	L	D	U	N	G	I	B	H	H
S	L	E	H	R	P	L	A	E	N	E	A	S	T	O	M	E	B	I	G	A
O	E	M	E	H	R	W	Q	O	L	T	U	N	K	O	L	L	E	G	E	N
R	I	I	W	I	N	D	U	S	T	R	I	E	A	L	E	R	T	E	P	D
M	S	L	E	U	M	I	L	L	X	I	V	P	E	N	A	U	Z	G	A	W
A	S	A	R	O	O	M	A	P	B	E	R	U	F	S	S	C	H	U	L	E
B	E	S	M	E	R	A	L	D	I	B	R	A	E	G	E	R	W	E	H	R
T	K	D	U	A	L	E	S	S	Y	S	T	E	M	U	N	A	K	I	H	K

Berufsausbildung und Arbeitswelt

Berufsausbildungsvertrag

Name: Datum:

1 Übertragen Sie die Inhalte von § 11 BBiG in die Tabelle und erarbeiten Sie entsprechende Antworten für Ihren Ausbildungsvertrag.

Nr.	Inhalte des § 11 BBiG	Was steht in Ihrem Vertrag?
1		
2		
3		
4		
5		
6		
7		
8		
9		

2 Lesen Sie die §§ 13–17 BBiG und nennen Sie in Stichworten je Tabellenspalte acht Beispiele.

Nr.	Pflichten des Auszubildenden = Rechte des Ausbildenden	Rechte des Auszubildenden = Pflichten des Ausbildenden
1		
2		
3		
4		
5		
6		
7		
8		

3 Wie kann der Auszubildende und wie der Ausbildende das Ausbildungsverhältnis beenden?

Auszubildender	1	
	2	
	3	
	4	
Ausbildender	1	
	2	

4 ANKREUZTEST: Kreuzen Sie die richtigen Antworten an. Die Buchstaben der angekreuzten Felder ergeben ein Lösungswort zum Thema.

	Stimmt	Stimmt nicht
a) Der 17-jährige Marcus schließt einen Ausbildungsvertrag für eine Tischler-Ausbildung bei der Tischlerei Weber ab.		
1. Der Ausbildungsvertrag muss vor Beginn der Ausbildung abgeschlossen werden.	P	D
2. Marcus kann ihn mündlich mit der Handwerkskammer abschließen.	Y	F
3. Marcus kann seinen Ausbildungsvertrag ganz allein ohne Zustimmung der Eltern gültig unterschreiben.	K	L
4. Marcus muss mit dem Abschluss des Ausbildungsvertrags warten, bis die Probezeit vorüber ist.	L	I
5. Die Niederschrift des Ausbildungsvertrags muss nicht nur die Unterschriften des Ausbildenden und von Marcus' Eltern, sondern auch Marcus' eigene Unterschrift tragen.	C	S
6. Auch die Berufsschule muss die Zustimmung zur Ausbildung geben.	V	H

	Berechtigte Forderung	Unberechtigte Forderung
b) Marcus hat Rechte und Pflichten. Manchmal zweifelt er, ob der Chef mit seinen Forderungen und Anweisungen immer im Rahmen des Gesetzes liegt.		
1. Der Chef verlangt von Marcus, ihm jeden Freitag zum Feierabend das fortgeführte Berichtsheft vorzulegen.	T	O
2. Der Chef teilt Marcus mit, dass er für die Dauer der Schulblöcke/Schultage keine Ausbildungsvergütung bekommt, weil er dann nicht für die Tischlerei arbeitet.	G	E
3. Am Ende der Ausbildung verlangt Marcus ein Zeugnis, obwohl er von der Tischlerei als Geselle übernommen wird.	N	A

Lösungswort:

1 Berufsausbildung und Arbeitswelt

Lebenslanges Lernen

Name: Datum:

1 a) Auf welche drei Bereiche bezieht sich das sogenannte lebenslange Lernen?

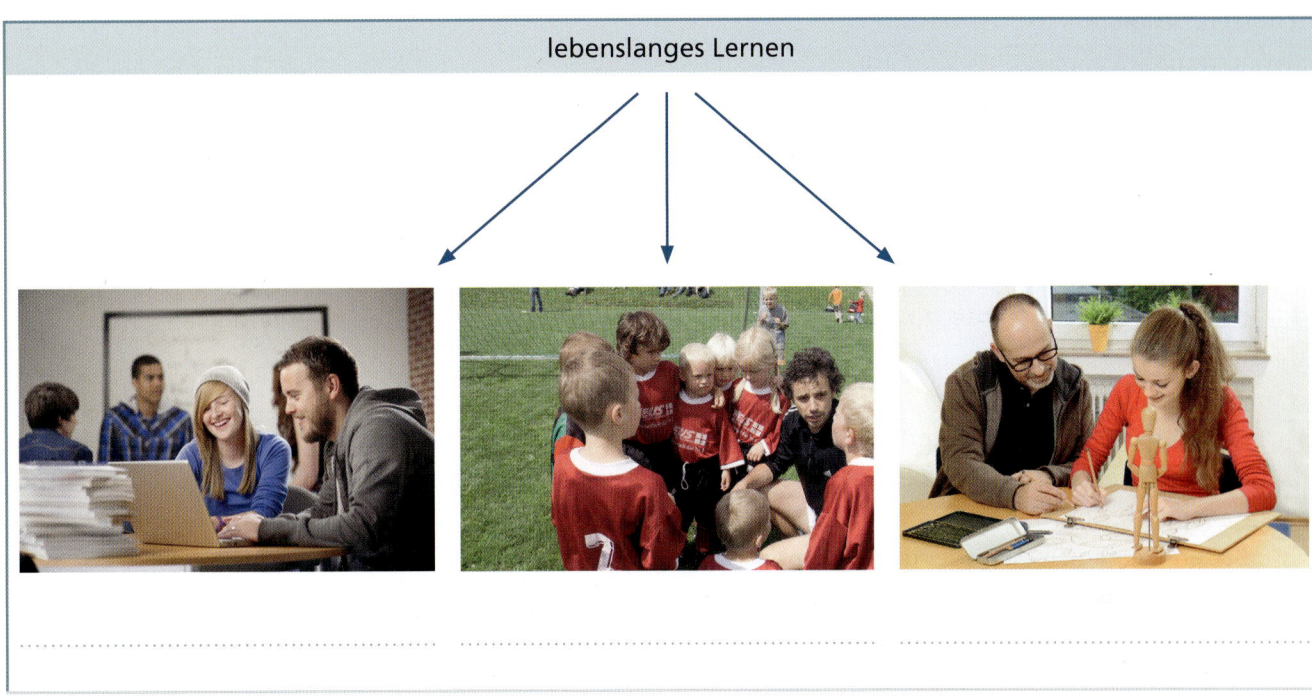

lebenslanges Lernen

b) Geben Sie Beispiele für die drei Bereiche an:

2 Unterscheiden Sie formales und informelles Lernen und tragen Sie ein, welche Art des Lernens im Folgenden beschrieben wird:

a) Wenn Sie mit Freunden und Bekannten Snowboard fahren lernen, so nennt man das .... Lernen, weil diese Fertigkeit völlig selbstgesteuert durch aktives Informieren erworben wird.

b) Belegen Sie hingegen einen Snowboardkurs bei einer Skischule so handelt es sich um .... Lernen, weil Ihnen Vorgaben bezüglich Beginn, Ablauf, Übungsschritten etc. gemacht werden, Sie also beim Wissenserwerb eher fremdgesteuert sind.

3 Der Staat will jedem dazu verhelfen, dass er die Ausbildung absolvieren kann, die seinen Neigungen, Fähigkeiten und Wünschen entspricht. Welche Fördermaßnahmen bietet der Staat an?

Zeitpunkt der Förderung	Anspruch aus welchem Gesetz?	wo beantragen?
während der Schulzeit/ Studium		
während der Ausbildung		
berufsbegleitend (oder in Vollzeit)		

4 Füllen Sie den Lückentext zu den beruflichen Bildungswegen mit den unten aufgeführten Begriffen aus:

Wer neben seinem bereits erlangten beruflichen Wissen weitere zusätzliche _____ erlernt, die nichts, oder nicht direkt etwas mit seinem bisherigen beruflichen _____ zu tun haben (z. B. Sprachkurs für Unternehmer), der macht eine _____.
Bauen die neu zu erwerbenden Kenntnisse dagegen auf bisherigem beruflichen _____ auf und erweitern dieses (z. B. Kurse für die Meisterprüfung, CNC-Bedienung für Maschinen) wird das _____ genannt.
Erwirbt jemand Kenntnisse und Fähigkeiten, um einen völlig anderen als den bisherigen _____ zu ergreifen, so macht diese Person eine _____.

> Wissen – Umschulung – Fortbildung – Tätigkeitsbereich – Beruf – Fertigkeiten – Weiterbildung

5 a) Nennen Sie mögliche Gründe für eine berufliche Fortbildung, Weiterbildung oder Umschulung.
b) Nennen Sie jeweils Beispiele für die einzelnen Bildungswege.

	Fortbildung	Weiterbildung	Umschulung
Gründe			
Beispiele			

1 Berufsausbildung und Arbeitswelt

Schlüsselqualifikationen

Name: Datum:

Die Anforderungen der Wirtschaft an den Schulabgänger haben sich in den letzten Jahren deutlich verändert. In den Unternehmen werden im Zuge des an Tempo gewinnenden Strukturwandels andere Qualifikationsanforderungen an neue und bestehende Arbeitsplätze gestellt. Die Rahmenbedingungen des Strukturwandels in der Wirtschaft lassen sich beschreiben durch globalen Wettbewerb, internationale Wirtschaftsverflechtungen, veränderte Unternehmensstrategien und Unternehmensorganisationen, neue Technologien und ökologische Herausforderungen.

Beispielhaft werden in der folgenden Tabelle einige wichtige Schlüsselqualifikationen genannt.

a) Versuchen Sie, die genannten Schlagworte für Ihren Beruf zu umschreiben.
b) Kreuzen Sie Ihre drei stärksten und schwächsten Eigenschaften an.

	Schlüsselqualifikation	Beschreibung	Schwächen	Stärken
1	Toleranz			
2	Teamfähigkeit			
3	Basiskenntnisse unserer Kultur			
4	Lern- und Leistungsbereitschaft			
5	Gewissenhaftigkeit			
6	Selbstständigkeit			
7	Durchhaltevermögen			
8	Flexibilität			
9	Grundkenntnisse wirtschaftlicher Zusammenhänge			
10	grundlegende Sprachbeherrschung			

1 Berufsausbildung und Arbeitswelt

Arbeitsschutz

Weil Beschäftigte die Gefahren im Betrieb oft nicht abschätzen können, ist der gesetzliche Arbeitsschutz notwendig. Ansonsten wäre die Zahl der Arbeitsunfälle deutlich höher.

a) Was versteht man unter technischem Arbeitsschutz?

....
....
....

b) Nennen Sie mindestens fünf bedeutsame rechtliche Vorschriften des technischen Arbeitsschutzes.

....
....
....

c) Wer arbeitet, benötigt auch Erholung. Außerdem müssen bestimmte Personengruppen besonders vor Überarbeitung geschützt werden. Ergänzen Sie im Schaubild unten die Gesetze, die im Einzelnen beim sozialen Arbeitsschutz gelten:

sozialer Arbeitsschutz

allgemeine Schutzvorschriften
(gelten für alle Arbeitnehmer)

besondere Schutzvorschriften
(gelten für bestimmte Personengruppen)

1 Berufsausbildung und Arbeitswelt

Jugendarbeitsschutzgesetz

Name: Datum:

Jugendarbeitsschutz nicht beachtet

Stuttgart In fast jedem 10. von insgesamt 4.000 kontrollierten Betrieben in Baden-Württemberg sind Jugendliche festgestellt worden, die ohne die vom Jugendarbeitsschutz vorgesehenen ärztlichen Untersuchungen beschäftigt waren.

In 4,5 Prozent der untersuchten Betriebe wurde die Schicht- und Arbeitszeit nicht eingehalten.
Diese Ergebnisse der Kontrollen der Gewerbeaufsichtsämter teilte der Staatssekretär im Sozialministerium in Stuttgart mit. Bei den vorgenommenen Schwerpunktrevisionen wurden neben mündlichen und schriftlichen Beanstandungen etwa 400 förmliche und schriftliche Verwarnungen ausgesprochen und etwa 230 Bußgeldverfahren eingeleitet.

(aus der Tagespresse)

1 Lesen Sie die §§ 2 und 5 JArbSchG. Dort steht (in Kurzform):

....

Ausnahmen:

....

2 Betrachten und beurteilen Sie die folgenden Fallbeispiele im Hinblick auf die Regelungen des Jugendarbeitsschutzgesetzes.

a) Ein 15-Jähriger muss in einer Schreinerei täglich stundenlang schwere Spanplatten zu den Maschinen schleppen. Lesen Sie § 22 (1) Nr. 1 JArbSchG. Dort steht (in Kurzform):

....

Lösung des Falles (eine Antwort ist richtig):
○ Die Arbeit ist erlaubt.
○ Die Arbeit ist generell verboten.
○ Die Arbeit ist nur zeitweise erlaubt.

b) In einem Betrieb ist für alle Auszubildenden wie folgt festgelegt:
1. Arbeitsbeginn: 7:00 Uhr bis Arbeitsende: 16:00 Uhr
2. Frühstückspause: 9:00 Uhr bis 9:10 Uhr
3. Mittagspause: 12:00 Uhr bis 12:30 Uhr

Lesen Sie § 14 (1) und § 11 (1) JArbSchG. Dort steht (in Kurzform):

....

Lösung der Fälle (jeweils eine Antwort ist richtig):

1. Beschäftigungszeit	2. Frühstückspause	3. Ruhepause insgesamt
○ ist erlaubt.	○ ist erlaubt.	○ ist erlaubt.
○ ist zu lang.	○ ist zu lang.	○ ist zu lang.
○ beginnt zu früh.	○ ist zu kurz.	○ ist zu kurz.

(Fortsetzung der Aufgabe auf S. 12)

c) Die 17-jährige Auszubildende Lena verlangt nach dem JArbSchG 30 Werktage Urlaub.
Ihr Gesuch wird abgelehnt. Zu Recht?
Lesen Sie § 19 (1) und (2) JArbSchG. Dort steht (in Kurzform):

....

....

....

Lösung des Falles: Urlaubsgesuch (eine Antwort ist richtig):
○ besteht zu Recht.
○ ist zu lang.
○ Sie kann mehr Urlaub beanspruchen.

d) Ein Betrieb beginnt um 7:00 Uhr mit der Arbeit. Der 16-jährige Aaron hat um 8:40 Uhr Berufsschulbeginn. Der Ausbilder wünscht, dass Aaron von 7:00 bis 8:30 Uhr im Betrieb arbeitet.
Lesen Sie § 9 (1) Nr. 1 JArbSchG. Dort steht (in Kurzform):

....

....

....

Lösung des Falles: Arbeiten vor der Schule (eine Antwort ist richtig):
○ ist grundsätzlich erlaubt.
○ ist nur erlaubt, wenn ganz dringende Arbeit anfällt.
○ ist nicht erlaubt, wenn die Schule vor 9:00 Uhr beginnt.

e) Der 17-jährige Auszubildende Florian hat einmal wöchentlich von 7:30 bis 14:00 Uhr Berufsschulunterricht. Sein Ausbilder verlangt von ihm, ab 15:00 Uhr bis Feierabend im Betrieb zu arbeiten.
Lesen Sie § 9 (1) Nr. 2 JArbSchG. Dort steht (in Kurzform):

....

....

....

Lösung des Falles: Die Forderung (eine Antwort ist richtig):
○ ist grundsätzlich berechtigt.
○ ist grundsätzlich unberechtigt.
○ ist nur berechtigt, weil Florian volljährig ist.

f) Die 17-jährige Auszubildende Ayla verlangt von ihrer Chefin einen beschäftigungsfreien Tag vor dem Tag ihrer schriftlichen Abschlussprüfung. Zu Recht?
Lesen Sie § 10 (1) Nr. 2 JArbSchG. Dort steht (in Kurzform):

....

....

Lösung des Falles: Die Forderung (eine Antwort ist richtig):
○ ist grundsätzlich berechtigt.
○ ist unberechtigt.
○ ist nur mit Zustimmung der Chefin berechtigt.

1 Berufsausbildung und Arbeitswelt

Sozialversicherungen (1)

Name: Datum:

1 Füllen Sie folgende Tabelle aus.

	Krankenversicherung	Pflegeversicherung	Arbeitslosenversicherung	Rentenversicherung	Unfallversicherung
Versicherungsträger					
Versicherungsleistungen	Aufklärung/ Beratung über: Vorsorgeuntersuchungen für: • Kinder bis ...... J. • Jugendl. .... J. • Frauen ab ...... J. • Männer ab .... J. Bei Krankheit (Beispiele): Mutterschaft:	Pflegestufen: Regelleistungen:	Aktive Arbeitsförderung (Beispiele): Höhe des ALG I: .... % ohne Kinder, ... % mit Kindern des .... arbeitsentgelts. ALG II erhalten: Sozialhilfe erhalten:	Bei Rehabilitation (Beispiele): Ab wann gilt die Regelaltersgrenze? ab ...... Lebensjahren Wer bekommt Hinterbliebenenrente?	Verhinderung von Unfällen und Berufskrankheiten: Bei Betriebsunfall (Beispiele) Wenn ein Betriebsunfall zum Berufswechsel zwingt: (Fortsetzung der Tabelle auf S. 14)

	Kranken-versicherung	Pflege-versicherung	Arbeitslosen-versicherung	Renten-versicherung	Unfall-versicherung
Beitragssatz					
Sonderregelungen					
Beitragsaufteilung					
Wer ist pflichtversichert?					
Wer ist freiwillig versichert?					

2 ANKREUZTEST (jeweils eine Antwort ist richtig):

a) Welche Personengruppe ist nicht in der gesetzlichen Krankenversicherung pflichtversichert?
- ○ Arbeiter
- ○ Angestellte
- ○ Arbeitslose
- ○ Rentner
- ○ Selbstständige

b) Welche Versicherung gehört nicht zur Sozialversicherung?
- ○ Unfallversicherung
- ○ Lebensversicherung
- ○ Arbeitslosenversicherung
- ○ Krankenversicherung
- ○ Rentenversicherung

1 Berufsausbildung und Arbeitswelt

Sozialversicherungen (2)

3 Stellen Sie fest, welche Sozialversicherung in folgenden Fällen infrage kommt. Kreisen Sie ein: KV (Krankenversicherung), PV (Pflegeversicherung), ALV (Arbeitslosenversicherung), RV (Rentenversicherung), UV (Unfallversicherung) und erarbeiten Sie die jeweiligen Versicherungsleistungen.

a) Arbeiter Klaus Arnold muss wegen eines Leistenbruchs ins Krankenhaus. Nach der Operation muss er noch eine Woche dort beobachtet werden und darf aufgrund ärztlicher Vorschrift 8 Wochen nicht arbeiten. Welche Ansprüche hat er? (KV, PV, ALV, RV, UV)

b) Maja Hitzel ist schwanger. Welche Ansprüche hat sie? (KV, PV, ALV, RV, UV)

c) Horst Kuno wird arbeitslos, da seine Firma Insolvenz angemeldet hat. Er wendet sich an das Arbeitsamt und beantragt Arbeitslosenunterstützung. Was wird dort geprüft und welche Leistungen hat er zu erwarten? (KV, PV, ALV, RV, UV)

d) Omar Yildiz ist 62 Jahre alt und möchte vor Erreichen der Regelaltersgrenze in Rente gehen. Welche Bedingungen muss er erfüllen? Welche Konsequenzen muss er in Kauf nehmen? (KV, PV, ALV, RV, UV)

e) Antonia Marino verunglückt auf dem direkten Weg zur Arbeit. Sie muss sich in ärztliche Behandlung begeben. Welche Versicherung zahlt (Begründung)? (KV, PV, ALV, RV, UV)

f) Kurt Meier hatte einen schweren Motorradunfall. Er ist ab dem Hals querschnittsgelähmt und bedarf einer 24-stündigen Betreuung hinsichtlich Körperpflege, Ernährung und Mobilität. Welche Versicherung tritt ein? Welche Einstufung wird vorgenommen? (KV, PV, ALV, RV, UV)

(Fortsetzung der Aufgabe auf S. 16)

g) Anne Töpfer bleibt mit ihrem Fahrradreifen auf dem Weg zur Berufsschule in einer Straßenbahnschiene hängen. Sie verletzt sich erheblich und muss stationär im Krankenhaus aufgenommen werden. Welche Versicherung tritt ein (Begründung)?
Welche Leistungen werden bezahlt? (KV, PV, ALV, RV, UV)

....

....

h) Wolfgang Weber fährt zur Arbeit. Auf dem Weg dorthin fährt er noch über einen Umweg am Tennisklub vorbei, um sich für 18 Uhr für ein Spiel einzutragen. Auf der Weiterfahrt verunglückt Herr Weber schwer und muss ärztlich behandelt werden.
Welche Versicherung tritt ein (Begründung)? (KV, PV, ALV, RV, UV)

....

....

4 ANKREUZTEST (jeweils eine Antwort ist richtig):

a) Die Sozialversicherung ist
- ○ eine private Vorsorge.
- ○ eine Pflichtversicherung für alle Bürger.
- ○ eine soziale Sicherung vor materieller und sozialer Not.
- ○ ein anderer Begriff für Sozialhilfe.
- ○ eine Krankenversicherung für alle, die sich eine private Versicherung nicht leisten können.

b) Die Verwaltung der Sozialversicherung
- ○ wird von Beamten vorgenommen.
- ○ untersteht direkt dem Bundesministerium für Arbeit.
- ○ untersteht dem Landesarbeitsminister.
- ○ wird durch gewählte Organe selbst vorgenommen.
- ○ wird durch Arbeitgeberorganisationen vorgenommen.

c) Um bei einem vorübergehenden Arbeitsausfall wegen schlechter Auftragslage die Arbeitsplätze zu erhalten, zahlt das Arbeitsamt
- ○ Insolvenzgeld
- ○ Kurzarbeitergeld
- ○ Schlechtwettergeld
- ○ Arbeitslosengeld
- ○ Sozialgeld

d) Wann liegt ein Wegeunfall im Sinne der Unfallversicherung vor?
- ○ Klaus Braun verunglückt im Urlaub und muss sich ärztlich behandeln lassen.
- ○ Ilkay Önal fährt zur Arbeit. Dabei fällt ihr ein, dass sie noch mit ihrem Freund telefonieren muss. Sie fährt in die nächste Seitenstraße. Beim Aussteigen stolpert sie und bricht sich den Arm.
- ○ Heinz Müller hält auf dem Weg zur Arbeit an, um sich Brötchen zu kaufen. Dabei stürzt er und zieht sich einen Bänderriss zu.
- ○ Janina Kraut benutzt die Mittagspause, um sich etwas zum Essen zu holen. Unterwegs stürzt sie und bricht sich einen Finger.
- ○ Jörg Schulze spielt nach Feierabend mit seinem Kollegen Skat. Auf dem Weg zur Gaststätte verknickt er sich den Fuß so stark, dass er nicht mehr laufen kann.

e) Wer zahlt die Beiträge zur gesetzlichen Unfallversicherung?
- ○ der Arbeitnehmer alles
- ○ der Arbeitgeber alles
- ○ Arbeitnehmer und Arbeitgeber je zur Hälfte
- ○ Arbeitnehmer, Arbeitgeber und Staat je ein Drittel
- ○ Arbeitnehmer ein Drittel, Arbeitgeber zwei Drittel

1 Berufsausbildung und Arbeitswelt

Private Zusatzversicherungen

1 Stellen Sie sich vor, Sie sind im dritten Ausbildungsjahr und ziehen demnächst in eine eigene 2-Zimmer-Wohnung. Sie beabsichtigen, sich ein gebrauchtes Auto zu kaufen und haben deshalb einen Versicherungsvertreter eingeladen, der Ihnen erklären soll, welche Versicherungen Sie brauchen.

Sie wollen ...

- sich und die Wohnung absichern,
- sich gegen Berufsunfähigkeit versichern,
- Ihr Auto versichern,
- im Alter abgesichert sein,
- bei einem Krankenhausaufenthalt in einem 1-Bett-Zimmer liegen,
- als aktiver Sportler/aktive Sportlerin gegen Unfälle abgesichert sein,
- für den Fall eines Streitfalles eine Rechtsberatung in Anspruch nehmen können.

Der Versicherungsvertreter bietet Ihnen daraufhin folgende Versicherungen an:

A. Personenversicherungen: Leistungen:

B. Sachversicherungen: Leistungen:

C. Vermögensversicherungen: Leistungen:

2 Sehr viele Menschen haben das Bedürfnis, sich vor Risiken zu schützen. D. h. nicht, dass sie nicht das Risiko lieben, aber die Folgen wollen sie so niedrig wie möglich halten. So reizt den Fallschirmspringer sicherlich das Risiko, er schützt sich allerdings vor der Unfallgefahr.

Suchen Sie für die folgenden Fälle eine private Versicherungsart, die für den Schaden aufkommen würde:

a) Familie Hansen wohnt in einer Mietwohnung im 1. Obergeschoss. Eines Tages platzt der Schlauch der Spülmaschine. Erst als Frau Roth, die direkt unter Hansens wohnt, aufgeregt mitteilt, dass das Wasser durch die Decke tropft, wird das ganze Ausmaß des Schadens deutlich. Der Schaden beträgt 6.700,00 €.

b) Die 15-jährige Auszubildende Christina aus Deutschland muss in den USA wegen einer Herzerkrankung operiert werden. Die zuständige gesetzliche Versicherung verweigert die Zahlung.

c) Über Neustadt entlädt sich ein Hagelunwetter. Die Hagelkörner sind so groß wie Taubeneier. Yannick hat sein Auto auf der Straße stehen. Die Folgen sind verheerend. Das gesamte Auto ist durch die Hagelkörner zerbeult. Der Schaden wird auf 5.000,00 € geschätzt.

d) Max fährt bei schönem Wetter mit seinem neuen Auto durch den Schwarzwald. Er unterschätzt eine Kurve und gerät mit seinem Fahrzeug in die Leitplanke. Die ganze Fahrzeugseite ist verschrammt und die Türen verklemmt.

e) Familie Burggraf hat eine Flugreise nach Mallorca gebucht. Leider erkrankt die Mutter schwer, sodass die ganze Familie nicht fliegen kann.

f) Der Geschäftsmann Wolfgang Reuter fliegt zu Geschäftsverhandlungen nach Tokio. Nach erfolgreichen Gesprächen bekommt er immer stärker werdende Ohrenschmerzen. Schließlich muss er zum Arzt, der ihn untersucht und ihm Medikamente verschreibt.

g) Der Dackelrüde Knurri sitzt ruhig vor dem Geschäft angebunden und wartet auf „Frauchen". Plötzlich sieht er eine Schäferhündin auf der anderen Straßenseite. Er reißt sich blitzartig von seiner Leine los und rennt über die Straße. Ein Autofahrer sieht ihn zu spät. Er kann ihm zwar ausweichen, prallt aber auf ein parkendes Auto. Sachschaden 10.000,00 €.

h) Da Knurri nicht das erste Mal einen solchen Schaden verursacht hat, befürchtet die Hundehalterin, dass die Versicherung ihr nach Schadensregelung den Vertrag kündigt. Sie ist deshalb nicht gewillt, dem Autofahrer gegenüber den Schaden zu übernehmen. Der Autofahrer nimmt sich daraufhin einen Anwalt.

2 Grundlagen des Vertragsrechts

Rechts- und Geschäftsfähigkeit (1)

Name: Datum:

1 Beschreiben Sie Aufbau und Inhalt der Geschäftsfähigkeit.

Geschäftsfähigkeit		
geschäftsunfähig	beschränkt geschäftsfähig	voll geschäftsfähig
	damit ist gemeint:	
	Gültigkeit von Verträgen:	
	Ausnahmen:	

2 Entscheiden Sie durch ein Kreuz zwischen natürlicher und juristischer Person und tragen Sie ein, wann die jeweilige Rechtsfähigkeit beginnt und endet.

	Person		Rechtsfähigkeit	
	natürliche	juristische	beginnt	endet
Lehrerin Frederike Kollmar				
Schüler Titus Gerber				
Ziemers AG				
Sportclub e.V.				
Klein GmbH, Schlosserei				
Malereibetrieb Müller e. K.				
Rechtsanwalt Schimanski				
Innungskrankenkasse				
Baden-Württemberg				
Bundesrepublik Deutschland				
Stadtsparkasse				
Zweirad Marder OHG				

3 Testen Sie Ihr Wissen über die Geschäftsfähigkeit, indem Sie das Kreuz an die richtige Stelle setzen.

Fall	geschäftsunfähig	beschränkt geschäftsfähig	voll geschäftsfähig
Rechtsgeschäfte sind voll wirksam			
Rechtsgeschäfte von dauernd geistig Beeinträchtigten			
Kauf mit Taschengeld durch eine 8-Jährige			
Kauf durch einen 6-Jährigen			
Kauf durch einen 21-jährigen Rauschgiftsüchtigen			
Rechtsgeschäfte sind schwebend unwirksam			
17-Jähriger schließt Vertrag im Rahmen eines Arbeitsverhältnisses ab			

2 Grundlagen des Vertragsrechts

Rechts- und Geschäftsfähigkeit (2)

Name: Datum:

4 Beurteilen Sie folgende Fälle hinsichtlich der Geschäftsfähigkeit.

a) Der 6-jährige Fritz hat für seine Mutter eingekauft. Vom Wechselgeld nimmt er sich 2,00 € und kauft sich davon zwei Wundertüten. Die aufgerissenen Tüten bringt die Mutter ins Geschäft zurück und will das Geld wiederhaben. Zu Recht? (Begründung)

....

....

....

b) Die 17-jährige Alexa kauft sich von ihrem ersparten Taschengeld eine Perlenkette zu 2.000,00 €. Der Vater ist mit dem Kauf nicht einverstanden. Er verlangt, dass die Perlenkette von ihr zurückgebracht wird. Der Verkäufer weigert sich, die Perlenkette zurückzunehmen. Wie ist die Rechtslage?

....

....

....

c) Der 12-jährige Mischa hat vom Patenonkel zum Geburtstag ein Mountainbike geschenkt bekommen. Da die Eltern mit dem Patenonkel Streit haben, wollen sie das Fahrrad zurückgeben. Kann Mischa das Bike trotzdem behalten? (Begründung)

....

....

d) Die 16-jährige Katharina kauft sich ein Moped. Sie schließt beim Kauf auch gleich die Versicherung ab und bezahlt bar. Ist der Vertrag gültig?

....

....

e) Die Eltern des 15-jährigen Elias fordern 50,00 € der Ausbildungsvergütung, die er als Auszubildender bekommt. Dürfen die Eltern das? (Begründung)

....

....

....

....

f) Der 18-jährige Jens hat den Führerschein bestanden und kauft sich ein Auto für 10.000,00 €. Da er diese Summe nicht aufbringen kann, schließt er mit der Bank der Autofirma einen Teilzahlungsvertrag ab. Seine Eltern sind entsetzt und wollen den Kaufvertrag verhindern. Mit Erfolg?

....

....

2 Grundlagen des Vertragsrechts

Willenserklärung und Rechtsgeschäft (1)

1 Beschreiben Sie die Willenserklärung und das Rechtsgeschäft durch Ausfüllen der Lücken in folgender Übersicht.

Willenserklärungen kommen zustande durch		
↓	↓	↓
....	....	....
z. B.	z. B.	z. B.

Willenserklärungen führen zu Rechtsgeschäften	
↓	↓
.... Rechtsgeschäfte sind Willenserklärungen, die	.... Rechtsgeschäfte sind zwei ....

Sie führen zum .... und sind

		ohne Formvorschriften gültig, z. B.	mit Formvorschriften gültig, z. B.
z. B.	z. B.		

2 Grundlagen des Vertragsrechts

Willenserklärung und Rechtsgeschäft (2)

Name: Datum:

2 Entscheiden Sie in folgenden Fällen, ob die Willenserklärungen anfechtbar (A) oder nichtig (N) sind und geben Sie für Ihre Entscheidung jeweils eine Begründung.

Fall	A/N	Lösung des Falls (Begründung)
a) Der 5-jährige Leo tauscht mit einem Freund sein ferngesteuertes Auto gegen ein Taschenmesser.		
b) Obwohl der Wagen einen schweren Unfall hatte, wird beim Verkauf die Zusicherung gegeben, dass der Wagen schadenfrei sei.		
c) Der Zirkusclown ruft in die Manege: „Wer sich traut, diesen Esel zu reiten, bekommt eine Million €!" Maria meldet sich.		
d) Frau Meier wird ein Laptop im Wert von 700,00 € angeboten. Sie schließt einen mündlichen Kaufvertrag über die Zahlung von 35 Raten à 22,00 € ab.		
e) In das Preisangebot eines Handwerkers hat sich ein Tippfehler eingeschlichen. Statt 1.199,90 € steht dort 199,90 €. Kunde Müller besteht auf 199,90 €.		
f) Lehmann kauft von Schulze nicht benötigte Ware, weil der ihm droht, andernfalls dem Finanzamt zu melden, dass Lehmann Steuern hinterzogen hat.		
g) Ein Geschäftsmann stellt einen Kassierer ein. Er erfährt erst nachträglich, dass dieser mehrfach wegen Unterschlagung vorbestraft ist.		
h) Herr Klein verkauft pro forma einen Lkw an Herrn Groß, damit dieser Lkw bei der Ermittlung der Insolvenzmasse nicht berücksichtigt wird.		
i) Die Auszubildende Marie soll 20 Druckerpatronen einkaufen. Sie bestellt auf dem Bestellblock 20 Einheiten. Jede Einheit umfasst jedoch schon 10 Druckerpatronen, was sie nicht wusste.		

2 Grundlagen des Vertragsrechts

Abschluss, Erfüllung und Inhalt des Kaufvertrags (1)

1 Herr Jäger, Inhaber eines „Do-it-yourself"-Geschäfts, hat auf das Angebot der Firma Bravas 20 Bohrmaschinen, Typ XY, bestellt. Mit dieser Bestellung verpflichtet sich Herr Jäger der Firma Bravas gegenüber, die Bohrmaschinen abzunehmen und zu bezahlen, verlangt von Bravas aber auch, dass die Bestellung ordnungsgemäß erfüllt wird. Es ist ein Vertrag zustande gekommen.

a) Wie nennt man einen solchen Vertrag?

b) Durch welche übereinstimmenden Willenserklärungen ist der Vertrag zustande gekommen?

c) Wie reagiert wohl die Firma Bravas, wenn Herr Jäger ohne vorheriges Angebot 20 Bohrmaschinen, Typ XY, bestellt?

d) Zu welcher Leistung hat sich Herr Jäger verpflichtet?

e) Welche Verpflichtungen ist die Firma Bravas Herrn Jäger gegenüber eingegangen?

2 Tragen Sie die erarbeiteten Informationen in die folgenden Pfeile ein.

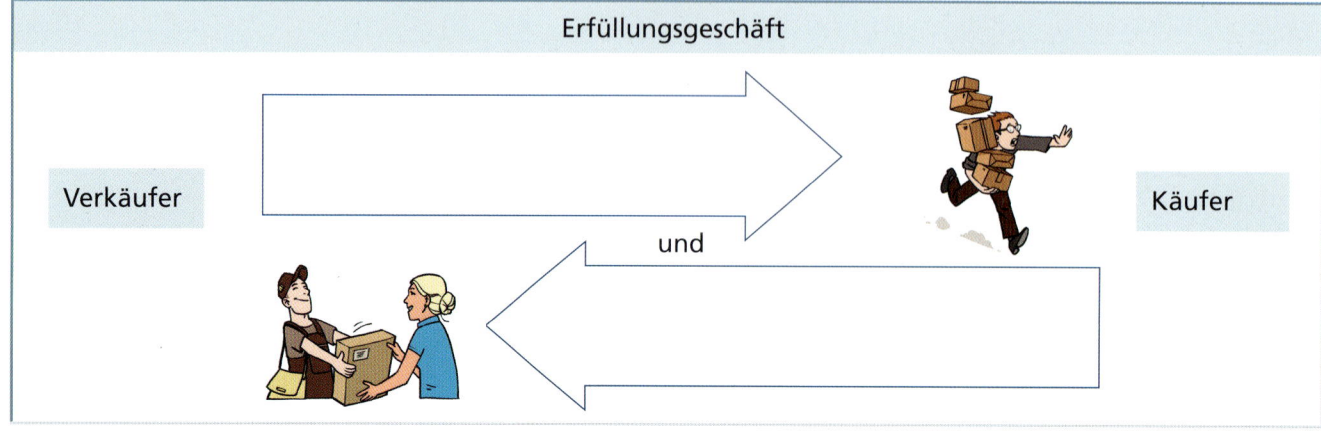

2 Grundlagen des Vertragsrechts

Abschluss, Erfüllung und Inhalt des Kaufvertrags (2)

Name: Datum:

3 Machen Sie einem Kunden ein Angebot. Es soll ein typisches Angebot aus Ihrem Berufszweig sein.

Name: ....
Straße: ....
PLZ, Ort: ....

Frau
Maria-Aloisia Meier
Hauptstraße 19
12345 Neustadt

Angebot   Datum: ....

Ich darf Ihnen folgendes Angebot machen:

Art: ....
Güte und Beschaffenheit: ....
Menge: ....
Preis: ....
Zahlungsbedingungen: ....
Lieferbedingungen: ....
Erfüllungsort: ....
Gerichtsstand: ....
Geschäftsbedingungen: ....

Ich würde mich freuen, wenn Ihnen dieses Angebot zusagt.

Dieses Angebot gilt einen Monat ab Ausstellungsdatum.

Mit freundlichem Gruß

....

2 Grundlagen des Vertragsrechts

Leistungsstörungen und Mängelrüge
beim Kaufvertrag (1)

1 Ergänzen Sie das Schaubild.

Störungen bei der Erfüllung des Kaufvertrags

Verkäufer ←――――― liegen beim ――――――→ Käufer

a) Die Ware hat Mängel!
=
....

Rechte des Käufers:

....
....
....

b) Die Ware wird nicht angenommen!
=
....

Rechte des Verkäufers:

....
....
....

c) Die Ware wird nicht geliefert!
=
....

Rechte des Käufers:

....
....
....
....

d) Die Ware wird nicht bezahlt!
=
....

Rechte des Verkäufers:

....
....
....
....

---

2 Beurteilen Sie folgende Fallbeispiele:

a) Der Kunde hat ein Holzregal zum 25. September dieses Jahres bestellt. Das Regal wird an diesem Tag nicht angeliefert.

....

b) Eine Zimmerei hat 25 Dachsparren bestellt. Geliefert werden aber nur 20 Dachsparren.

....

c) Die Kundin ruft den Schreiner an, sie könne das Regal nicht abnehmen, da sie zurzeit leider kein Geld habe.

....
....

2 Grundlagen des Vertragsrechts

Leistungsstörungen und Mängelrüge beim Kaufvertrag (2)

Name: Datum:

3 Gespräch zwischen den Auszubildenden Tim und Samuel:

Tim: Ich hab' mir beim Computerversand einen neuen Laptop gekauft. Absolut spitze!
Samuel: Und was für einen?
Tim: Wart' mal, auf dem Karton steht: „ABC Compact X5DIJ-SX018L 39,6 cm (15,6 Zoll) Notebook (Intel Pentium Dual-Core 2 GHz, 4GB RAM, 500GB HDD, Intel 4500M, DVD+/-/DL)".
Samuel: Das sagt mir gar nichts. Stell' ihn mal an. Was hat der für ein Betriebssystem geladen?
Tim: Ich glaube, Windows 8.
Samuel: Ist ja klasse, wo kann man ihn einschalten?
Tim: Warte, erst muss ich das Netzteil anschließen, damit der Akku gleichzeitig aufgeladen wird. [Sie schalten ihn ein und warten. Das Betriebssystem lädt hoch, es dauert jedoch über fünf Minuten.]
Tim: Das dauert aber lange.
Samuel: Viel zu lange.
(Kurz nachdem das System hochgefahren ist, bricht es wieder zusammen.)
Samuel: Das darf nicht sein. Den würde ich sofort zurückschicken.

a) Welche Möglichkeiten hat Tim?

b) Wer übernimmt die Versandkosten?

c) Ein neuer Laptop wird an Tim geschickt. Das Gerät zeigt jedoch das gleiche Problem wie das erste. Tim ist sehr enttäuscht, jetzt will er sein Geld zurück – und zwar sofort. Welche rechtlichen Möglichkeiten hat er nun?

d) So viel Pech ist kaum vorstellbar: Der neue Laptop ist wiederum defekt! Tim ist verzweifelt und versteht die Welt nicht mehr. Was soll er jetzt tun? Welche rechtlichen Empfehlungen würden Sie ihm jetzt geben?

4 Schreiben Sie eine Mängelrüge in Form eines geschäftlichen Briefs (nach den Gestaltungsregeln der DIN 5008) mit diesen Angaben und fügen Sie ihn unten ein.

- am 31. März des Jahres
- mit folgendem Absender: Tim Hoffmann, Hauptstr. 125, 56479 Neustadt
- an folgende Adresse: XXL Computerversand, Adenauerstr. 17, 50996 Köln
- Der Laptop wurde am 24. März geliefert.

2 Grundlagen des Vertragsrechts

Verjährung

1 Aus einem Zeitungsbericht:

> Wenn wir am 31. Dezember um Mitternacht auf das neue Jahr anstoßen, müssen Tausende von Gläubigern ihre Forderungen in den Schornstein schreiben und Tausende von Schuldnern werden auf einen Schlag ihre Schulden los.

a) Warum ist es sinnvoll, dass für bestimmte Forderungen verkürzte Verjährungsfristen gelten?

b) Mit welchen Maßnahmen kann sich der Gläubiger gegen die Verjährung seiner Forderungen schützen?

2 Kreuzen Sie an, wie lange die Verjährungsfrist im jeweiligen Fall ist.

Art des Anspruchs	Jahre			
	2	3	5	30
Mietforderung von Herrn Gerlach gegenüber der Mieterin Anne Töpfer				
Gewährleistung für Mängel an einem Haus				
Preisnachlass aufgrund mangelhafter Warenlieferung				
vollstreckbarer Titel aufgrund einer Klage				
Rechnung des Malermeisters Behringer für das Tapezieren von Annes bisheriger Wohnung				
Rechnung des Malergroßeinkaufs für die Lieferung von Tapetenrollen an Behringer				
Rückforderung eines Geldbetrags, den Anne ihrem Bekannten geliehen hat				
Mängelhaftung (Gewährleistung) nach Kauf eines Autos				

3 Anne ist mit der Möbelspedition Möbius umgezogen. Die Umzugskosten betrugen 400,00 €. Geben Sie an, wann die Forderung der Spedition gegenüber Anne verjährt ist, und begründen Sie Ihre Überlegungen für jede Änderung des Sachverhalts.

a) Die Rechnung der Spedition wurde am 30. November 2013 ausgestellt.

b) Da Anne trotz außergerichtlicher Mahnungen nicht zahlt, beantragt die Spedition am 15. Februar 2014 einen gerichtlichen Mahnbescheid.

c) Anne reagiert zunächst nicht auf den Mahnbescheid, leistet aber am 5. März 2014 eine Teilzahlung von 100,00 €.

d) Am 30. März erkennt Anne das Bestehen der Restforderung an, bittet aber um Aufschub bis Ende August, da sie in Zahlungsschwierigkeiten ist. (Die Spedition ist gegen Zahlung von 10 % Zinsen damit einverstanden.)

4 ANKREUZTEST (jeweils eine Antwort ist richtig):

a) Welche Behauptung zum Neubeginn bzw. zur Hemmung ist richtig?

○ Bei einem Neubeginn verkürzt sich die Verjährungsfrist um die Zeit der Hemmung.

○ Bei der Hemmung verkürzt sich die Verjährungsfrist um die Zeit der Hemmung.

○ Bei einer Hemmung verlängert sich die Verjährungsfrist um die Zeit der Hemmung.

○ Bei einem Neubeginn verlängert sich die Verjährungsfrist um die Zeit der Unterbrechung.

○ Bei der Hemmung beginnt die Verjährungsfrist von Neuem zu laufen.

b) Ein Schuldner hat nach Androhung gerichtlicher Schritte eine Teilzahlung geleistet. Welchen Einfluss hat dies auf die Verjährung?

○ Die Verjährung beträgt jetzt 30 Jahre.

○ Die Forderung kann nicht mehr verjähren.

○ Neubeginn der Verjährung.

○ Die Verjährung wird unterbrochen.

○ Die Teilzahlung hat keinen Einfluss auf die Verjährung.

3 Verbraucherbewusstes Verhalten

Verbraucherberatung

Name: Datum:

1 Seit Anne nicht mehr bei ihren Eltern wohnt, muss sie sich neben ihrem Job auch noch um ihren kleinen Haushalt kümmern. Bei ihren Einkäufen – ob für den täglichen Bedarf oder bei größeren Anschaffungen – hat sie gemerkt, dass sie meist nicht genügend Zeit hat, Preise und Qualität der verschiedenen Produkte zu vergleichen. Oft fühlt sie sich durch das übergroße Angebot erschlagen und greift zu Produkten, die sie gerade in der Werbung gesehen hat.

a) Begründen Sie, warum die Kunden gegenüber den Herstellern/Anbietern meistens eine schlechte Position haben.

....
....
....
....
....
....

b) Nennen Sie Organisationen und Medien, bei denen Sie sich vor einem Kauf informieren können, und suchen Sie diese im Internet.

....
....
....
....
....
....

2 Um sich ein bisschen fit zu halten, möchte sich Anne einen Ministepper zulegen. Bei einem unabhängigen Testanbieter findet sie eine Testtabelle dazu (siehe Tabelle nächste Seite).

a) Wie beurteilen Sie die herangezogenen Qualitätskriterien und ihre Gewichtung (Prozentangaben)?

....
....
....
....

b) Welchen Stepper sollte sich Anne aus Qualitäts- und Preisgründen kaufen?

....
....
....

(Fortsetzung der Aufgabe auf S. 32)

c) Welche Aufgaben hat die Stiftung Warentest?

Warentest Fitnessgeräte (Stepper)							
	mittlerer Preis in Euro ca.	Trainie-ren	Halt-barkeit	Hand-habung	Sicher-heit	Schad-stoffe in Hand-griffen	QUALITÄTS-URTEIL
GEWICHTUNG		45 %	20 %	20 %	10 %	5 %	100 %
MINISTEPPER							
Alex 8100	60	+	+	+	O	entfällt	GUT (2,3)
Bremshey Step up CP	70	+	+	+	+	entfällt	GUT (2,4)
Kettler Art.-Nr. 7873-600	80	+	+	O	+	entfällt	GUT (2,5)
Christopeit Sport 9762	39	O	+	+	O	entfällt	BEFRIED. (2,6)
Kettler VARIO Art.-Nr. 7874-600	130	+	+	O	O	⊖ *)	BEFRIED. (3,0)
Alex 8701	125	O	+	O	O	⊖ *)	BEFRIED. (3,4)
Schmidt Sportsworld 95.0002	69	O	O	O	⊖	⊖ *)	AUSREICH. (3,7)

Bewertungsschlüssel der Prüfergebnisse: ++ = Sehr gut (0,5–1,5), + = Gut (1,6–2,5), O = Befriedigend (2,6–3,5), ⊖ = Ausreichend (3,6–4,5), – = Mangelhaft (4,6–5,5).
Bei gleichem Qualitätsurteil Reihenfolge nach Alphabet.
*) Führt zur Abwertung.

d) Welche Wirkung hat ein (positives oder negatives) Testurteil bei den Verbrauchern, Händlern und Herstellern?

Stiftung Warentest

Tester dürfen Hautcreme weiter als „mangelhaft" bezeichnen
Nach dem Berliner Urteil darf die Stiftung Warentest weiterhin die Gesichtscreme des Herstellers „New Face" als „mangelhaft" bezeichnen; es gebe keinen Unterlassungsanspruch für die Firma.
Die Stiftung Warentest, die vor 50 Jahren gegründet wurde, hat bisher noch keinen Schadenersatzprozess endgültig verloren – und das, obwohl in über 5.000 Tests bereits über 100.000 Produkte und Dienstleistungen getestet wurden.

e) Rufen Sie die Internetseite www.test.de auf.
• Welche Themen werden im neuesten Testheft behandelt?

• Sie interessieren sich sehr für einen ganz bestimmten Testbericht. Was kostet der Testbericht im Download? Wie teuer ist das ganze Heft (Download oder Print)? Welche Möglichkeit ziehen Sie vor?

3 Als Anne ihren Anorak von der Reinigung abholt, muss sie feststellen, dass das beige Innenfutter auf die weiße Jacke abgefärbt hat. Wo kann sie sich zu diesem Fall beraten lassen?

3 Verbraucherbewusstes Verhalten

Warenkennzeichnung

Name: Datum:

1 Damit Anne (und natürlich jeder andere Verbraucher) bei Lebensmitteln nicht die „Katze im Sack" kauft, muss der Hersteller nach der Lebensmittelkennzeichnungsverordnung (LMKV) auf der Verpackung bestimmte Angaben machen.

Um welche Angaben handelt es sich bei dem folgenden Etikett im Einzelnen?

Rindergulasch ❶
in feiner Sauce mit feinwürzigem Rotkohl und Eier-Spiralnudeln

Zutaten: 28% Rotkohl (Rotkohl, Branntweinessig, Zucker, Weinessig, Speisesalz), Wasser, 17 % Rindfleisch, Eiernudeln (Hartweizengrieß, Wasser, Hühnervollei, Hühnereiweiß), Tomatenmark, Zwiebeln, Zucker, modifizierte Stärke, pflanzliches Öl, jodiertes Speisesalz, Aroma, Gewürze, Verdickungsmittel Guarkernmehl, Emulgatoren (E471, E472e), Farbstoff E150d, Vitamine (Vitamin C, Vitamin B2), Stabilisator Ascorbinsäure, Milchzucker. ❷

FJ Food Jahnke

❸ Food Jahnke
Postfach 123 459
60435 Frankfurt a. M.
www.foodjahnke.de

❹ Inhalt: 400 g

Gekühlt mindestens haltbar bis:
25.09.20XX ❺

4 316268 417099

❶ ....
❷ ....
❸ ....
❹ ....
❺ ....

2 Die Zusatzstoffe sind häufig mit E-Nummern verschlüsselt. Suchen Sie im Internet unter dem Schlagwort „E-Nummer", „Lebensmittelzusatzstoffe" oder „Konservierungsstoffe" nach deren Bedeutung (es gibt mehrere kommentierte Listen). Prüfen Sie auf diese Weise, ob gesundheitlich bedenkliche Zusatzstoffe in dem obigen Produkt enthalten sind.

3 Holen Sie sich aus dem Internet Informationen zur „Globalen Artikelidentnummer" GTIN (Global Trade Item Number; ehemals EAN-Code) und stellen Sie fest, was in diesem Barcode verschlüsselt ist.

4 Um welche Art von Zeichen handelt es sich bei den folgenden Beispielen?
Nutzen Sie die angegebenen Internetadressen oder eine gute Metasuchmaschine (z. B. MetaGer). Zusammenfassungen finden Sie z. B. unter www.guetesiegel.de, www.ral.de, www.label-online.de

Zeichen	VDE/GS	Blauer Engel	CE	DIN
Bezeichnung				
Herausgeber				
Kategorie				
Bedeutung				
Überprüfung/Zulassung				
Internet ↗				

3 Verbraucherbewusstes Verhalten

UWG, AGB

Name: Datum:

1 Bei einem Einkaufsbummel wird Anne in einem Kaufhaus in vielfältiger Weise umworben. Prüfen Sie mithilfe der Gesetze zum Schutz des Wettbewerbs (UWG, GWB und Preisangabenverordnung), ob die folgenden Werbemaßnahmen zulässig sind:

a) Über Lautsprecher erfährt Anne, dass das Kaufhaus im nächsten Monat sein zehnjähriges Jubiläum feiert und aus diesem Anlass auf alle Waren 10 % Rabatt gewährt.

b) Als Anne nach der Anprobe eines Mantels (Kaufpreis 210,00 €) noch unschlüssig ist, bietet ihr die Verkäuferin einen passenden Schal zum halben Preis (ursprünglicher Preis 40,00 €) an.

c) In der Schreibwarenabteilung möchte sich Anne einen Schreibblock kaufen. Auf einer Werbetafel sieht sie, dass sie 10 Blöcke zum Preis von 9 kaufen kann.

d) Bei ihrem Bummel durch die Multi-Media-Abteilung fällt Anne ein Preisschild für ein Handy für 1,00 € auf. Sollte sie da nicht zugreifen? In der klein gedruckten Fußnote ist der Abschluss eines 2-Jahres-Vertrags vorgeschrieben (sog. Kopplungsgeschäft).

e) Auf einem Plakat in dieser Abteilung liest Anne den Werbetext zu einem Internetradio: „Ein Preisvergleich mit der gegenüberliegenden Konkurrenz lohnt sich nicht; wir sind 50,00 € billiger!"

2 Beim Kauf eines Regals für ihre neue Wohnung wundert sich Anne über die „uralten" Geschäftsbedingungen des Möbel-Discounters:

MÖBELMEISTER

Unsere Geschäftsbedingungen

(a) Die nachstehenden Verkaufs-, Lieferungs- und Zahlungsbedingungen liegen allen unseren Geschäften zugrunde. Abweichende Vereinbarungen oder Ergänzungen werden für uns erst durch unsere ausdrückliche schriftliche Anerkennung verbindlich.
(b) In Ergänzung unserer eigenen AGB gelten die Bedingungen unseres jeweiligen Lieferanten, und zwar auch dann, wenn sie unseren Kunden nicht bekannt sind.
(c) Unsere Angebote und Auftragsbestätigungen sind in jeder Hinsicht freibleibend. Zur Berechnung kommen die am Tage der Lieferung gültigen Preise. Nachberechnungen behalten wir uns vor.
(d) Der Kaufpreis ist unabhängig vom Eingang der Ware und unbeschadet des Rechts der Mängelrüge innerhalb von 30 Tagen ab Rechnungsdatum ohne Abzug zu zahlen. Schecks akzeptieren wir nur zahlungshalber und vorbehaltlich der Einlösung.
(e) Bei Überschreitung der Zahlungsfrist sind wir ohne weitere Mahnung berechtigt, ab Fälligkeit Verzugszinsen in Höhe des Überziehungszinssatzes unserer Hausbank zu verlangen, unbeschadet etwaiger höherer Schadenersatzansprüche.
(f) Aus Sicherheitsgründen behalten wir uns vor, bei Einbauküchen und Schränken, insbesondere mit elektrischer Installation, einmal jährlich eine Sicherheitsprüfung vor Ort vorzunehmen. Dafür stellen wir nur unsere Selbstkosten in Rechnung.

Anne ist skeptisch, ob diese Bedingungen noch mit den AGB-Bestimmungen des BGB (§§ 305–310) übereinstimmen. Prüfen Sie jede Bedingung daraufhin und geben Sie ggf. den Paragrafen an, gegen den verstoßen wird.

a)

b)

c)

d)

e)

f)

3 Verbraucherbewusstes Verhalten

Produkthaftung

Name: Datum:

Anne hat sich für ihre neue Wohnung zur Dekoration fürs Fenster eine kleine Lampe gekauft (hergestellt in China). Als die Flüssigkeit (es handelt sich um Duftpetroleum) aufgebraucht ist, schaut sie auf der Packung und der Beilage nach, was sie nachzufüllen habe, findet aber keinen Hinweis. Kurzentschlossen greift sie zur Spiritusflasche, die sie (für das Fondue-Rechaud) im Haus hat, und füllt die Lampe nach. Beim Anzünden kommt es zu einer heftigen Verpuffung. Anne verbrennt sich die Arme und der Vorhang am Fenster entzündet sich, kann aber noch rechtzeitig gelöscht werden.

a) Um was für eine Art von Fehler dieses Produkts handelt es sich?
   (§ 3 (1) ProdHaftG)

b) Anne ist eine Woche krankgeschrieben. Vom Verkäufer der Lampe verlangt sie Ersatz für die Heilbehandlungskosten in Höhe von 600,00 €, Schmerzensgeld in Höhe von 1.500,00 € und Ersatz für den verbrannten Vorhang in Höhe von 300,00 €.
   Der Verkäufer weigert sich und verweist sie an den Importeur der Lampe – zu Recht?
   (§ 4 ProdHaftG)

c) Verlangt Anne die von ihr geforderten Beträge zu Recht?
   (§§ 1, 8, 11 ProdHaftG)

3 Verbraucherbewusstes Verhalten

Haustürgeschäft, Fernabsatzvertrag (1)

1 Anne möchte sich am Abend mit Freunden treffen, als es plötzlich klingelt und ein Herr Dilger vor der Tür steht und ihr einen außergewöhnlichen Staubsauger – ganz unverbindlich – vorführen möchte. Da Anne sich ohnehin einen Staubsauger kaufen wollte, bittet sie Herrn Dilger in ihre Wohnung und ist dann auch ganz begeistert von diesem neuen Modell. Zwar kommt ihr der Preis von 225,00 € recht hoch vor, aber sie lässt sich dazu überreden, den Kaufvertrag zu unterschreiben. Eine Belehrung über das Widerrufsrecht hat sie nicht erhalten. Als Anne drei Wochen später durch die Elektroabteilung eines Kaufhauses schlendert, entdeckt sie mit Entsetzen, dass das gleiche Modell dort nur 155,00 € kostet. Zuhause verfasst sie sogleich einen Brief, um den Kaufvertrag zu widerrufen und wirft ihn in den Briefkasten ein.

Prüfen Sie den Sachverhalt anhand der Bestimmungen des BGB zum Haustürwiderruf (§ 312 BGB).

a) In welchen Situationen findet dieses Gesetz Anwendung?

b) Welche Vorschrift wurde in diesem Fall offensichtlich nicht eingehalten?

c) Wie lange kann Anne demnach ihre Bestellung widerrufen? Berücksichtigen Sie dabei die Änderungen durch die neue EU Verbraucherrechtclinic (VRRL).

d) Wie kann Anne erreichen, dass sie ihren Widerruf später nachweisen kann?

e) Überlegen Sie, warum der Gesetzgeber diese Vorschriften erlassen hat.

3 Verbraucherbewusstes Verhalten

Haustürgeschäft, Fernabsatzvertrag (2)

Name: _____ Datum: _____

2 Anne hat sich für ihren nächsten Urlaub in einem Onlineshop einen Rucksack bestellt.

a) Welche Risiken geht Anne beim Onlinekauf gegebenenfalls ein?

....

....

....

....

....

....

....

Warenkorb

Anzahl:	1
Best.Nr.:	345.206
Bezeichnung:	Alpine II
Farbe:	cranberry
Größe:	–
Einzelpreis:	39,95 €
Gesamtpreis:	39,95 €
Versandkosten:	2,45 €
Gesamtbetrag:	42,40 €

Liefer- und Zahlungsart

Lieferung durch:	GLS Germany
Lieferzeit:	2–3 Werktage
Zahlungsart:	Rechnung

Adressdaten

Anrede:	Frau	Vorname:	Anne
Name/Firma:	Töpfer	PLZ, Ort:	70111 Stuttgart
Straße, HausNr.:	Stadtstr. 10	E-Mail.:	a.toepfer@gyz.de
Telefon:	0711 – 87654		

b) Welche Angaben sollten in einem Onlineshop mindestens zu finden sein, um sicher zu sein, dass es sich um ein seriöses Angebot handelt?

....

....

....

c) Welche Vorteile und welche Nachteile hat das Onlineshopping gegenüber dem Kauf in einem Fachgeschäft in der Nähe?

Vorteile	Nachteile

(Fortsetzung der Aufgabe auf S. 40)

d) Bevor Anne ihre Bestellung abschicken kann, soll sie noch zwei Optionen anklicken:
   ○ Die AGB habe ich gelesen und bin damit einverstanden.
   ○ Ich bin damit einverstanden, dass Sie mich weiterhin per E-Mail über besondere Angebote informieren und meine Daten an befreundete Firmen weitergeben.

Sollte Anne diese Optionen anklicken?

....
....
....
....

e) Da Anne der zugesandte Rucksack doch nicht gefällt, schickt sie ihn zurück. Zu ihrer Bestürzung muss sie aber feststellen, dass sie die Kosten der Rücksendung in Höhe von 7,00 € selbst tragen muss und dass ihr 15,00 € Stornogebühren in Rechnung gestellt werden. Hat sie da doch etwas übersehen? Prüfen Sie die Rechtmäßigkeit dieser Forderung.

....
....
....
....

3 Prüfen Sie anhand des § 312 b–d BGB, ob in den folgenden Fällen ein Vertragsabschluss nach dem Fernabsatzrecht vorliegt.

Sachverhalt	Fernabsatz		Begründung
	Ja	Nein	
Anne bestellt für ihren Arbeitgeber FlorPrima Büromaterial in einem Onlineshop.			
Anne bestellt für sich beim „Otto-Versand" eine schicke Bluse mit einer Bestellkarte.			
Annes Freund bestellt beim Pizzaservice der Stadt zwei Pizzas.			
Anne bestellt sich im Onlineshop „Modern Music" eine CD ihrer Lieblingsband.			

3 Verbraucherbewusstes Verhalten

Folgen von Zahlungsverzug (1)

Name: Datum:

1 Anne ist nach ihrer Ausbildung als Floristin übernommen worden und hat sich nun eine größere Wohnung gesucht. Die bisherige Wohnung hat sie am 31. Mai ordnungsgemäß übergeben und müsste jetzt von ihrem ehemaligen Vermieter Herrn Gerlach die Kaution in Höhe von 500,00 € einschließlich der Zinsen zurückerhalten.

a) Als der Betrag am 15. Juni immer noch nicht bei Anne eingegangen ist, schreibt sie in höflicher Form eine Zahlungserinnerung an Herrn Gerlach. Formulieren Sie diese Zahlungserinnerung in Kurzform:

Anne Töpfer
Stadtstraße 10
70111 Stuttgart

b) Die Zahlung ist auch am 30. Juni noch nicht erfolgt. Jetzt schreibt Anne einen energisch formulierten Mahnbrief mit der Androhung von gerichtlichen Schritten bei weiterer Zahlungsverweigerung. Formulieren Sie auch diesen Brief in Kurzform:

Anne Töpfer
Stadtstraße 10
70111 Stuttgart

c) Begründen Sie, warum es sinnvoll ist, die Rückzahlung der Kaution mit außergerichtlichen Maßnahmen zu erreichen.

2 Nachdem Anne vergeblich auf den Zahlungseingang gewartet hat, geht sie zum gerichtlichen Mahnverfahren über.

a) Tragen Sie die rechts stehenden Begriffe in das Schaubild über den Ablauf des **Mahnbescheids** ein:

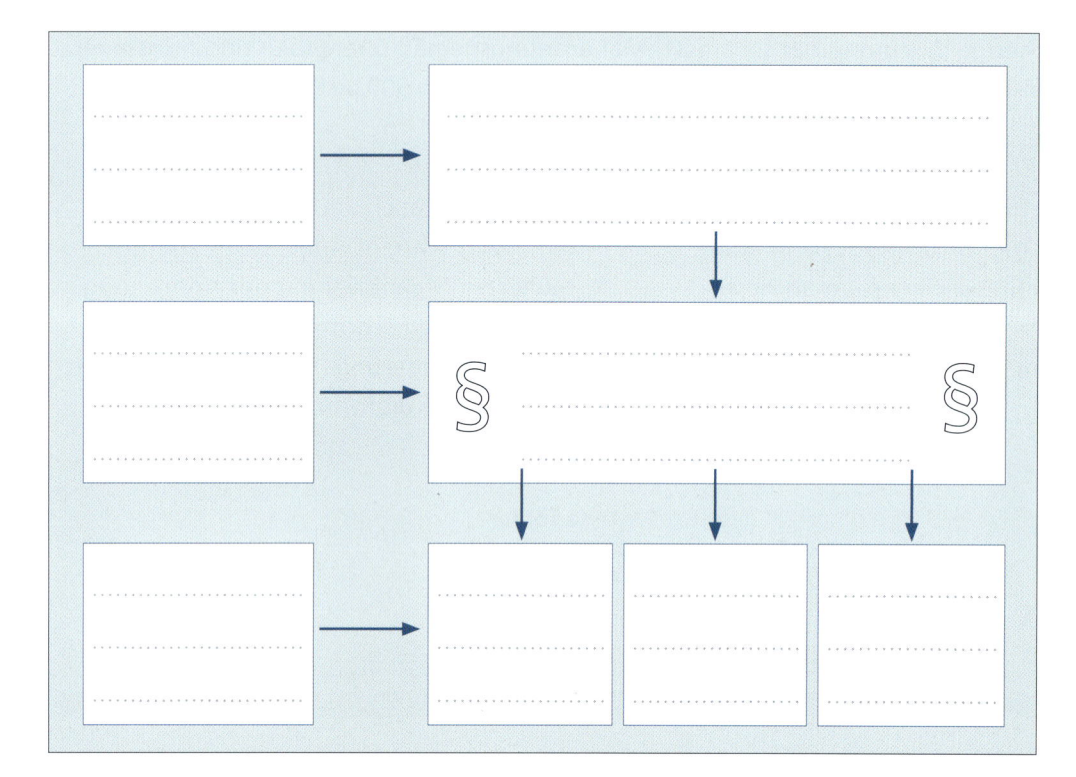

- Antragsgegner (Schuldner)
- Erlass und Zustellung des Mahnbescheids
- vollständige Zahlung (Verfahren ist beendet)
- Antrag auf Erlass eines Mahnbescheids an das Amtsgericht
- Stillschweigen
- Antragsteller (Gläubiger)
- Widerspruch (solange der Vollstreckungsbescheid nicht erlassen wurde)
- Amtsgericht

b) Trotz des Mahnbescheids zahlt Herr Gerlach nicht und legt auch keinen Widerspruch ein. Daraufhin beantragt Anne den Vollstreckungsbescheid.

Tragen Sie die rechts stehenden Begriffe in das Schaubild über den Ablauf des **Vollstreckungsbescheids** ein:

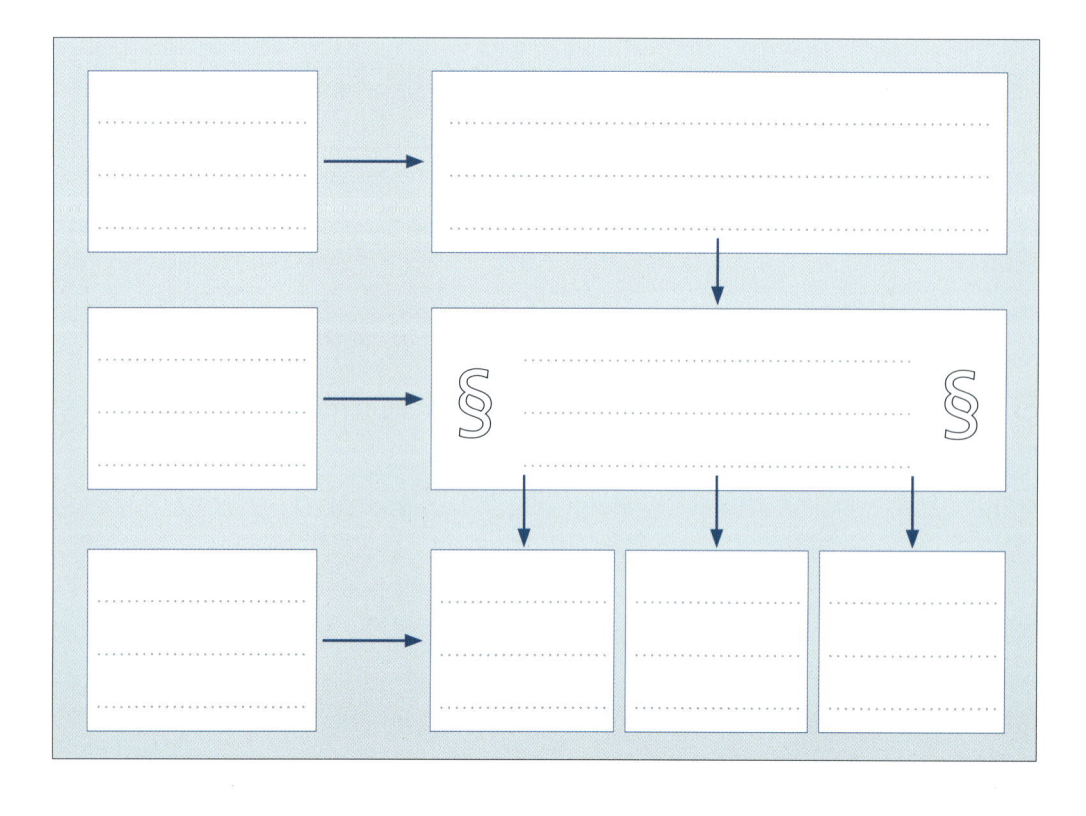

- Amtsgericht
- Stillschweigen
- Erlass und Zustellung des Vollstreckungsbescheids
- Einspruch (innerhalb 2 Wochen)
- Antragsteller
- vollständige Zahlung (Verfahren ist beendet)
- Antrag auf Erlass des Vollstreckungsbescheids
- Antragsgegner

3 Verbraucherbewusstes Verhalten

Folgen von Zahlungsverzug (2)

c) Füllen Sie den Lückentext über den weiteren Verlauf des Verfahrens mit den unten stehenden Begriffen aus.

Um schneller an ihr Ziel zu kommen, hätte Anne auch sofort _____ beim Amtsgericht einreichen können. In dem Fall wäre es, genauso wie bei einem _____ bzw. _____ durch Herrn Gerlach, zur _____ vor Gericht gekommen. Geht der _____ zu Annes Gunsten aus, besitzt sie einen _____ und kann damit – falls Herr Gerlach immer noch nicht zahlt – einen _____ beauftragen, die _____ vorzunehmen. Ist die Pfändung erfolglos, muss der Schuldner auf Antrag des Gläubigers eine wahrheitsgetreue _____ erteilen und darüber eine _____ abgeben.

> eidesstattliche Versicherung – Einspruch – Gerichtsvollzieher – Klage – mündlichen Verhandlung – Pfändung – Prozess – Vermögensauskunft – vollstreckbaren Titel – Widerspruch

3 ANKREUZTEST (jeweils eine Antwort ist richtig):

a) Welche Angabe muss gemäß LMKV nicht auf dem Warenetikett angegeben werden?
- ○ Handelsübliche Bezeichnung
- ○ Anschrift des Herstellers
- ○ Preis der Ware
- ○ Mindesthaltbarkeitsdatum
- ○ Verzeichnis der Zutaten

b) Welche Werbemaßnahme ist laut UWG nicht zulässig?
- ○ Werbung mit einem sehr günstigen Preis gegenüber dem UVP
- ○ Zusendung unbestellter Ware
- ○ Gewährung von 25 % Rabatt auf alle Auslaufmodelle
- ○ Zugabe eines Gürtels bei Kauf einer Hose
- ○ Sonderrabatt für Schüler und Studenten

c) In welchen Situationen kann das Haustürgeschäft nicht widerrufen werden?
- ○ Ein Passant wird auf der Straße gefragt, ob er nicht einem Buchclub beitreten wolle.
- ○ Ein Kollege versucht, einem Arbeitnehmer am Arbeitsplatz einen Bausparvertrag zu verkaufen.
- ○ Ein Vertreter überredet einen Hotelgast in der Eingangshalle, eine Gepäck- und Reiseversicherung abzuschließen.
- ○ Eine ältere Dame kauft bei einer vergnüglichen Werbefahrt eine heizbare Bettauflage.
- ○ Ein Vertreter ist für eine Staubsaugervorführung nach Hause bestellt worden.

d) Wann kann der Gläubiger Verzugszinsen nach dem BGB verlangen?
- ○ Vom Tag der 1. schriftlichen Mahnung an.
- ○ Mit Beginn des gerichtlichen Mahnverfahrens.
- ○ Wenn ein angegebener Zahlungstermin nicht eingehalten wurde.
- ○ Wenn nicht innerhalb von 25 Tagen gezahlt wurde.
- ○ Nur, wenn dies ausdrücklich im Kaufvertrag vereinbart wurde.

3 Verbraucherbewusstes Verhalten

Kreuzworträtsel

Lösen Sie das Kreuzworträtsel zu Grundbegriffen des Kapitels „verbraucherbewusstes Verhalten".
Schreibweise für Umlaute: Ä = AE, Ö = OE, Ü = UE.

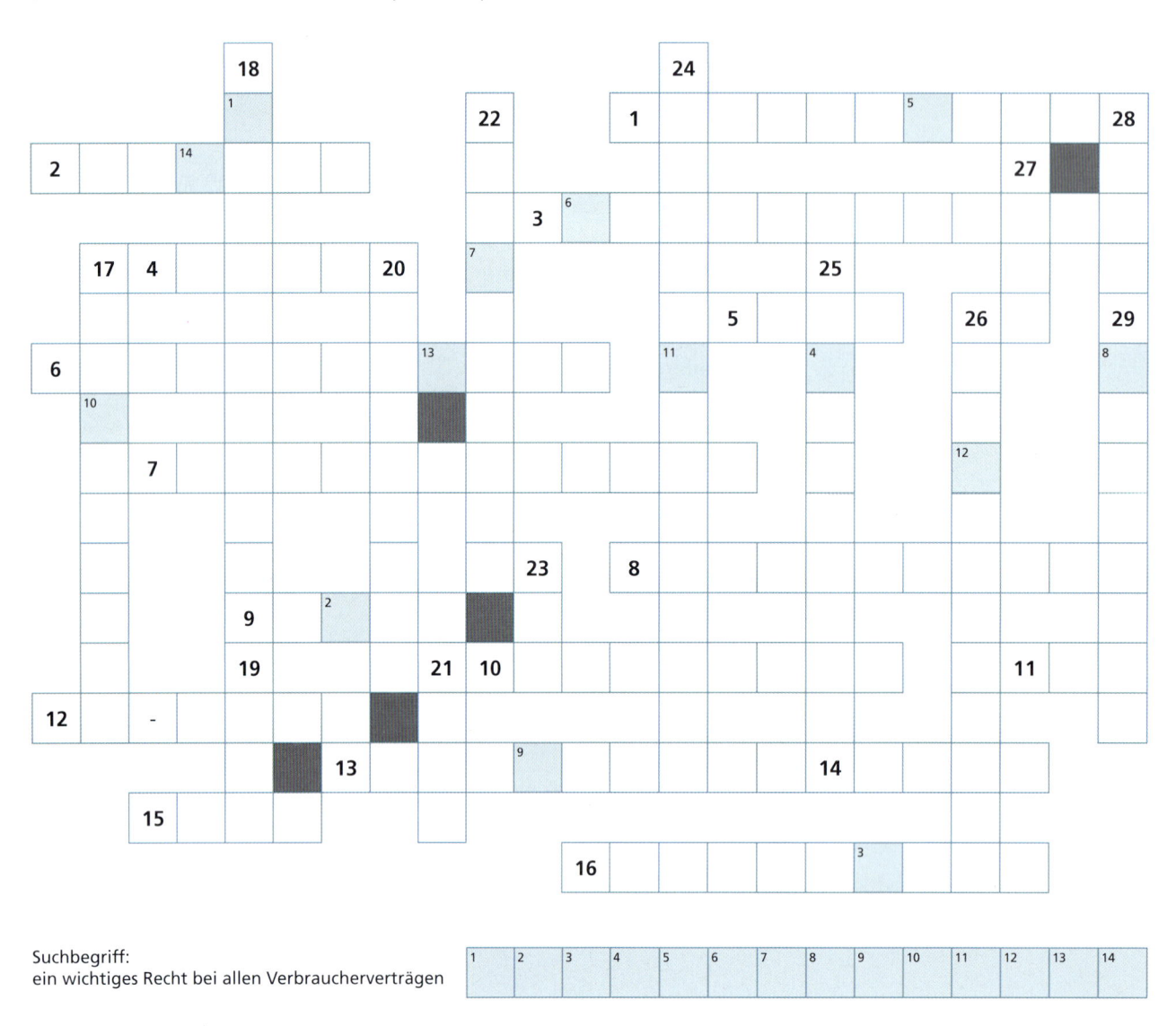

Suchbegriff: ein wichtiges Recht bei allen Verbraucherverträgen

Waagerecht: 1: absichtlich überhöhte unverbindliche Preisempfehlung (UVP) des Herstellers, deren Unterbietung als günstiges Angebot erscheint und so zur Irreführung von Verbrauchern dient **2:** Gerichtsverfahren enden zumeist mit einem ... **3:** Folge eines wirksamen Widerrufs bei Fernabsatzverträgen ist die Pflicht zur ... der Ware **4:** Global Trade Item Number (Abk.) **5:** das „Kleingedruckte" (Abk.) **6:** Person, die Verträge zu geschäftlichen Zwecken abschließt **7:** AGB gelten nicht, wenn eine ... Absprache besteht **8:** spezielles Wissen auf einem bestimmten Gebiet **9:** Verbrauchermagazin des ZDF **10:** ein Risiko des Ratenkaufs ist die Anhäufung von ... **11:** Herkunftsland Deutschland (Abk.) **12:** Möglichkeit zum Vertragsabschluss bei Fernabsatzverträgen **13:** Label für Bio-Lebensmittel **14:** Datenschutzbeauftragter des Bundes (Abk.) **15:** Aufschrift auf Prüfzeichen elektrotechnischer Erzeugnisse **16:** Zwangsvollstreckung durch den Gerichtsvollzieher

Senkrecht: 17: Europäisches Umweltzeichen (Kurzform) **18:** zum Nutzen der Verbraucher schützen Gesetze den fairen ... der Marktkonkurrenten **19:** Infodienst zu Verbraucherfragen rund um Landwirtschaft, Lebensmittel und Ernährung **20:** deutsche Verbraucherzeitschrift **21:** Gesetz zur Verbesserung der gesundheitsbezogenen Verbraucherinformation (Abk.) **22:** Verbrauchermagazin der ARD **23:** Aufschrift der Produktkennzeichnung „geprüfte Sicherheit" **24:** der Verkäufer fehlerhafter Produkte sieht sich einer gesetzlichen Pflicht zur ... ausgesetzt **25:** Kosten, die für die Beratung durch die Verbraucherzentrale anfallen **26:** Schadensart bei der Produkthaftung – hier muss der Geschädigte zuzahlen **27:** Gesetz, das Verbraucher und Marktkonkurrenten insbesondere vor unfairen Werbemaßnahmen schützt (Abk.) **28:** in diesem Gesetzbuch (Abk.) finden sich Regelungen zu AGB, Haustür- und Teilzahlungsgeschäften sowie zu Fernabsatzverträgen **29:** andere Bezeichnung für das Geldwesen – auch: ein wichtiger Bereich der Verbraucherberatung

4 Der Umgang mit Geld

Zahlungsmöglichkeiten (1)

Name: Datum:

1 Begründen Sie, warum auch in der heutigen Zeit die Ausstellung einer Quittung (dazu gehört auch ein Kassenzettel!) von großer Bedeutung ist.

....

....

....

2 Füllen Sie den Lückentext zur Kontoeröffnung mit den unten aufgeführten Begriffen aus:

Um am .... Zahlungsverkehr teilnehmen zu können, möchte der Auszubildende Paul Keller ein .... eröffnen. Dazu muss er bei der Bank einen .... vorlegen und .... der verfügungsberechtigten Personen abgeben. Von der Bank erhält er .... und ....-formulare. Außerdem erhält er eine sogenannte .... Damit können .... schneller abgewickelt werden und .... am Automaten ausgedruckt werden. Da Paul ein regelmäßiges .... nachweisen kann, wird ihm ein .... in Höhe von zwei .... gewährt. Paul weiß, dass er bei .... seines Kontos einen relativ hohen .... an die Bank zahlen muss. Andererseits erhält er für .... auf dem Girokonto nur ganz geringe Zinsen.

> Guthaben – Girocard – Unterschriftsproben – Bankgeschäfte – Monatsgehältern – Überweisungs- – bargeldlosen – Zinssatz – Girokonto – Einkommen – Personalausweis – Kontoauszüge – Überziehung – Dispositionskredit – Scheck

3 Paul kauft sich im Media-Geschäft MEDIACOM ein Smartphone für 125,00 € und bezahlt mit seiner Girocard mit Unterschrift.

a) Paul muss dazu einen Lastschriftbeleg unterschreiben. Welche Bedeutung hat diese Unterschrift?

....

....

....

....

(Fortsetzung der Aufgabe auf S. 46)

b) Inwiefern wäre die Verwendung einer PIN in Verbindung mit der Girocard für die Firma risikoloser (aber dafür mit höheren Kosten verbunden)?

....
....
....
....
....

c) Welches Risiko geht Paul ein, wenn er die Karte verliert oder sie ihm gestohlen wird? Wie sollte er sich in diesem Fall verhalten?

....
....
....
....

4 Paul muss folgende Zahlungen leisten:

a) Bezahlung eines Bußgeldes von 10,00 € an die Polizeibehörde
b) vierteljährliche Versicherungsprämie von 30,00 € an die Haftpflichtversicherung
c) monatliche Telefon-/Internetgebühren (in diesem Monat 23,55 €)
d) Kauf eines neuen Tennisschlägers für 190,00 €
e) Kauf von Brötchen beim Bäcker um die Ecke (0,75 €)
f) Zahlung von 25,00 € zum Geburtstag des Patenkindes, das in einer anderen Stadt wohnt
g) Kauf von Fremdwährung für die Urlaubsreise bei der eigenen Bank für 300,00 €

Entscheiden Sie, welche Zahlungsmöglichkeit im jeweiligen Fall günstig ist, und begründen Sie dies:

Fall	Barzahlung	Barscheck	Verrechnungsscheck	Girocard	Überweisung	Dauerauftrag	Lastschrift	Begründung
a)								
b)								
c)								
d)								
e)								
f)								
g)								

4 Der Umgang mit Geld

Zahlungsmöglichkeiten (2)

5 Am Monatsende erhält Paul den folgenden Kontoauszug:

ALPHA BANK

Freiburg • BLZ 680 111 99
Kontonummer 5678003

Kontoauszug Nr. 18 vom 30.09.20XX
Paul Keller • Freiburg

Alter Kontostand: **335,05 €**

Bu.Tg.	Wert	Erläuterungen	Soll	Haben
15.09.	14.09.	Ausbildungsvergütung Schlosshotel		655,22 €
17.09.	17.09.	Überweisung	10,00 €	
20.09.	20.09.	Dauerauftrag Haftpflichtversicherung	30,00 €	
25.09.	24.09.	Lastschrift Telefon + Internet	32,55 €	
27.09.	28.09.	Zahlung mit Girocard	190,00 €	
28.09.	28.09.	Verrechnungsscheck Nr. 06	25,00 €	
29.09.	29.09.	Barscheck Nr. 211	300,00 €	

Neuer Kontostand: **402,72 €**

IBAN: DE96680111990005678003 • BIC: ALPHDE71XXX
Kreditlimit: 1.500,00 € • Sollzinssatz: 11,5 %

a) Prüfen Sie, ob die Zahlungen aus Aufgabe **4** (Seite 46) richtig gebucht worden sind:

....

....

b) Welche Beträge stehen auf einem Kontoauszug in der Soll- und welche in der Haben-Spalte?

....

....

6 Paul befindet sich mit dem LEONARDO-Aktionsprogramm der Europäischen Union zur beruflichen Weiterbildung für ein halbes Jahr in Spanien. Sein Vater überweist ihm mit einer SEPA-Überweisung 500,00 € auf sein Konto bei einer spanischen Bank.

a) In welche Länder und in welcher Höhe sind diese EU-Auslandsüberweisungen möglich?

....

....

....

b) Für diese grenzüberschreitende Überweisung werden zwei Nummern benötigt: BIC und IBAN. Was bedeuten diese Abkürzungen?

....

....

....

....

7 Die folgenden Piktogramme (Sinnbilder) zeigen, dass nach unterschiedlichen Verfahren gezahlt bzw. Bargeld beschafft werden kann. Geben Sie bei jedem Piktogramm an, auf welche Möglichkeit jeweils hingewiesen wird und wie das Verfahren abläuft.

4 Der Umgang mit Geld

Kaufkraftschwankungen

1 Im Mai 1949 wurde die Bundesrepublik Deutschland gegründet. Damals lagen die durchschnittlichen Stundenlöhne bei umgerechnet 0,61 €. Um einen richtigen Vergleich zwischen damals und heute durchführen zu können, ist es notwendig, Löhne und Preise ins Verhältnis zu setzen.

Sie müssen dazu überlegen, wie hoch der Stundenlohn heute ist, und die heutigen Preise der Konsumgüter herausfinden. Dann können Sie die Arbeitszeit berechnen, die heute notwendig ist, um diese Güter zu erwerben.

Hier einige Beispiele:

Der Tariflohn pro Stunde (= 60 Minuten) beträgt zurzeit in Ihrem Beruf? .... (Annahme)

Arbeitszeit für	Arbeitszeit damals	heutiger Preis (ca.)	Arbeitszeit heute
1 kg Bohnenkaffe	22 Stunden		
1 Ei	20 Minuten		
1 tiefgekühltes Brathähnchen	5 Stunden		
1 kg Butter	4 Stunden		
1 Zigarette	5 Minuten		
1 0,2-l-Glas Mineralwasser	17 Minuten		

$$= \frac{60 \times \text{heutiger Preis}}{\text{Stundenlohn}}$$

2 a) Das Statistische Bundesamt in Wiesbaden ermittelt laufend die Preise für einen Warenkorb, den eine Familie mit mittlerem Einkommen verbraucht. Im Vergleich z. B. gegenüber dem Vormonat, dem Vorjahresmonat oder gegenüber dem Basisjahr wird dann der Preisindex oder auch die Inflationsrate festgestellt.

Errechnen Sie die Preisänderungen in Prozent und den Preisindex für folgende Jahre:

	Basisjahr 2010	2011	2012	2013	2014
Preis des Warenkorbs (in €)*	2.500,00 €	2.552,00 €	2.604,00 €	2.643,00 €	2.675,00 €
Preisänderung gg. Vorjahr (in %)					
Preisänderung gg. Basisjahr (in %)					
Preisindex (2010 = 100)					

* angenommene Werte

b) Viele Verbraucher haben das Gefühl, dass die Preissteigerungen (Inflation) viel größer sind als die amtliche Statistik ausweist. Wie ist dieser Widerspruch zu erklären?

....
....
....
....

3 Tragen Sie in der Übersicht ein, welche Ursachen eine Inflation auf der Nachfrageseite und auf der Angebotsseite haben kann und geben Sie mögliche Folgen der Inflation an.

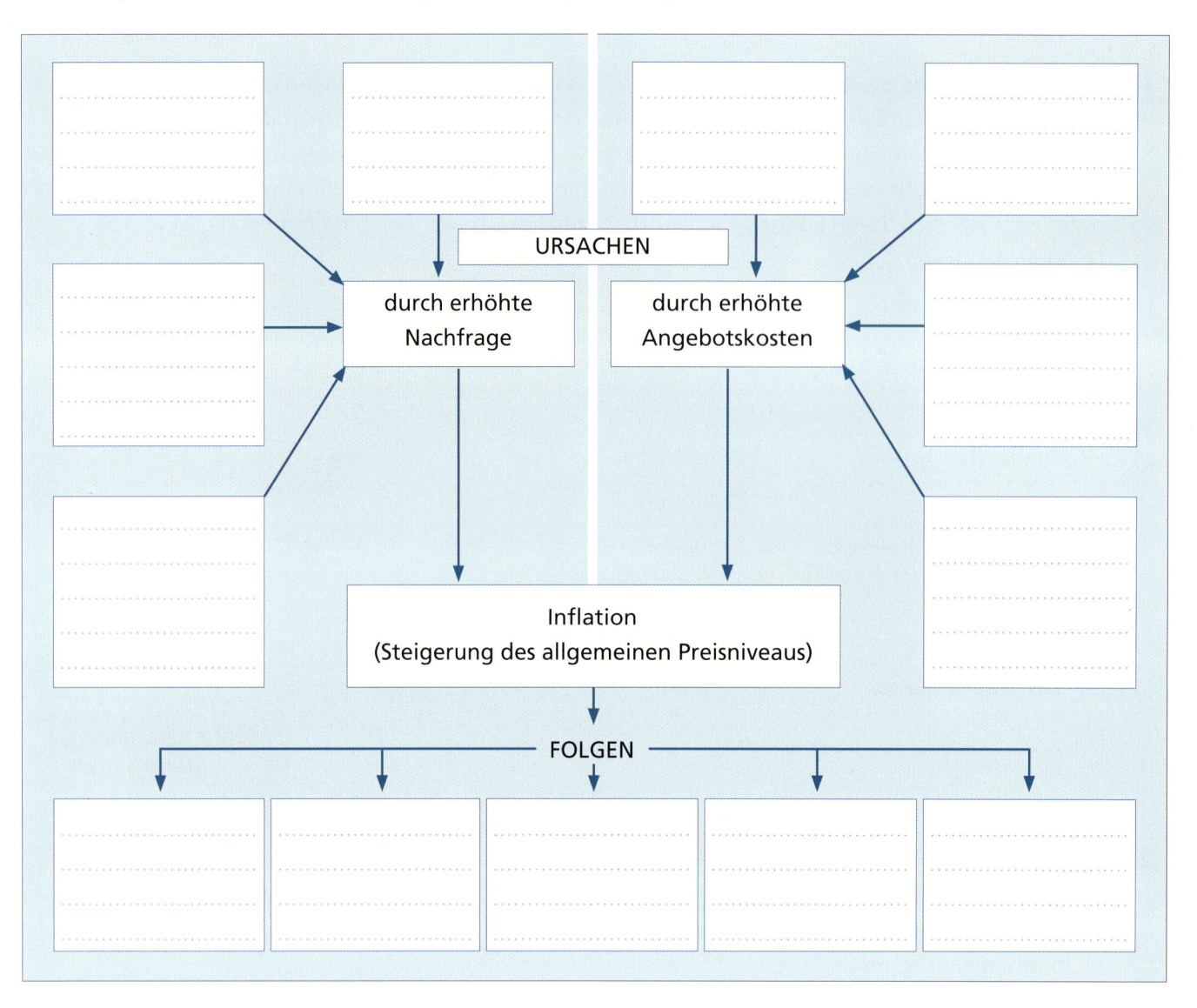

URSACHEN

- durch erhöhte Nachfrage
- durch erhöhte Angebotskosten

Inflation (Steigerung des allgemeinen Preisniveaus)

FOLGEN

4 Stellen Sie sich folgende (etwas unrealistische) Situation vor: Es regnet Geld! Jeder hat auf diese Weise so viele Banknoten und Münzen, wie er möchte – wenn er nicht zu faul ist, sie einzusammeln.

a) Was würden Sie mit dem vielen Geld machen?

b) Hätten Sie noch Lust zu arbeiten und was meinen Sie, wie sich die anderen Leute verhalten würden?

c) Welche Schlussfolgerungen ziehen Sie daraus für das Geldwesen einer Gemeinschaft?

4 Der Umgang mit Geld

Europa, EU, EWWU, Euro (1)

Name: Datum:

1

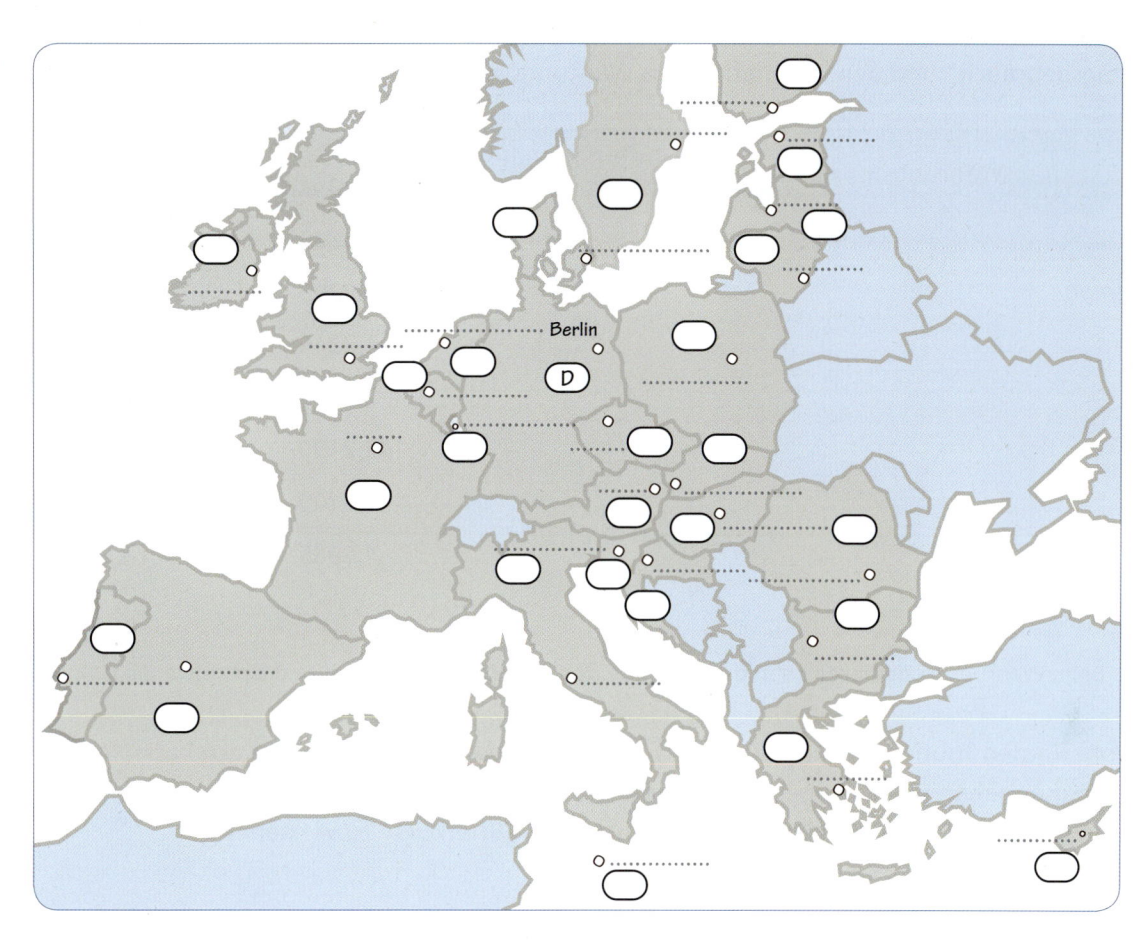

a) Tragen Sie in die Karte die Autokennzeichen der 28 EU-Staaten sowie ihre Hauptstädte richtig ein.

b) Welches sind die 15 „alten" EU-Länder und welches die 13 „neuen" Länder, die seit der „Osterweiterung" 2004 dazu kamen?

....
....
....

c) Am 1. Januar 1999 ist die Europäische Wirtschafts- und Währungsunion (EWWU) in Kraft getreten und seit dem 1. Januar 2002 ist die Währung der teilnehmenden Länder durch den Euro als Bargeld abgelöst worden. Welche 18 bzw. ab 2015 19 EU-Staaten gehören zur Eurozone?

....
....

d) Werden die übrigen neuen EU-Staaten in absehbarer Zeit ebenfalls den Euro einführen?

....
....
....

2 Da rings um den einheitlichen europäischen Währungsraum viele Länder eigene Währungen haben, stellt sich nach wie vor das Problem des Umtausches von Euro in eine andere Währung und umgekehrt.

a) Notieren Sie in der Tabelle zu jedem Land die Währungsbezeichnung, die Abkürzung für den „Alltagsgebrauch" und den internationalen Währungscode.

Land	Währung	Abk.	internationaler Währungscode	Geldkurs (Ankauf)	Briefkurs (Verkauf)
USA				1,3605	1,3665
Großbritannien				0,8293	0,8333
Schweiz				1,2345	1,2385
Dänemark				7,4400	7,4800
Japan				142,2100	142,6900
Türkei				2,9100	3,0100
Polen				4,0965	4,2565
Euroländer				–	–

Hinweis: Beim Währungscode bezeichnen die ersten beiden Buchstaben das Land und der dritte die Währung.

b) Sowohl für den Touristen Paul Keller als auch für den Geschäftsmann Arno Koch haben die Währungsangaben in der obigen Tabelle eine große Bedeutung.
Wie sind die Angaben in den Spalten „Geldkurs" und „Briefkurs" zu verstehen?

....

....

....

Hinweis: Dies bezeichnet man auch als Mengennotierung gegenüber der früher üblichen Preisnotierung.

c) Paul möchte seinen Sommerurlaub in den Schweizer Alpen verbringen. Für diesen Aufenthalt will er 350,00 € in Franken tauschen. Wie viele Franken erhält er?

d) Pauls Chef Herr Arno Koch kommt von einer Geschäftsreise aus London zurück.
Er hat noch 160,00 £ übrig. Wie viel Euro bekommt er dafür?

4 Der Umgang mit Geld

Europa, EU, EWWU, Euro (2)

Name: Datum:

3 Viele EU-Bürger profitieren von der Einführung des Euro in den Euroländern. Andererseits gab es von Anfang an auch kritische Stimmen. Stellen Sie im Folgenden positive und negative Aspekte der Einheitswährung einander gegenüber.

• Positive Aspekte des Euro:

• Negative Aspekte des Euro:

4 a) Wie beurteilen Sie anhand der Grafik die Entwicklung des Euro im Verhältnis zum Dollar für einen Touristen?

b) …und wie für eine Firma, die Waren exportiert?

Der Euro-Kurs
Wert des Euro in Dollar (Referenzkurs der EZB)

- 4.1.1999: 1,1789 $
- 26.10.2000: 0,8252 $
- 2.1.2002: 0,9038 $
- 15.7.2008: 1,5990 $
- 31.7.2014: 1,3379 $

Quelle: Europäische Zentralbank

4 Der Umgang mit Geld

Sparen und Sparförderung (1)

1 Welche Sparmotive sind bei den folgenden Beispielen zu vermuten?

- Herr Kahn spekuliert mit Aktien.
- Frau Sutter möchte sich ein Cabrio kaufen.
- Familie Zander spart für eine Kreuzfahrt.
- Herr Marbach möchte seinem Junior ein Studium finanzieren.
- Frau Gutmann schließt einen Bausparvertrag ab.
- Herr Scherer schließt eine Lebensversicherung ab.

2 a) In der nebenstehenden Grafik ist der vereinfachte Wirtschaftskreislauf (Angaben in Tausend Euro) dargestellt. Ermitteln Sie für die angegebenen Daten die gesamtwirtschaftliche Sparquote.

Arbeitsleistung 1.100
Löhne und Gehälter 1.100
Kredite 140
Spargelder 140
Unternehmen/Wirtschaft — Zinsen 11 — Bank/Sparkasse — Zinsen 11 — Haushalte
Ausgaben für den Konsum 971
Sachgüter und Dienstleistungen 971

b) Wie ist zu erklären, dass die individuelle Sparquote je nach Einkommenshöhe und Lebensalter der Erwerbsperson sehr unterschiedlich sein kann und von der gesamtwirtschaftlichen Sparquote erheblich abweichen kann?

4 Der Umgang mit Geld

Sparen und Sparförderung (2)

Name: Datum:

3 Die Europäische Zentralbank und die Deutsche Bundesbank versuchen über den Refinanzierungssatz das allgemeine Zinsniveau und damit das Verhalten der Wirtschaftssubjekte (Unternehmen, Haushalte, Banken, Staat) zu beeinflussen. Nicht immer ändert sich das Verhalten in die gewünschte Richtung.

a) Wie ist es zu erklären, dass Haushalte trotz niedriger Zinsen viel sparen?

....

b) In welcher wirtschaftlichen Situation zeigen Haushalte trotz hoher Zinsen wenig Hang zum Sparen?

....

c) Unter welchen Umständen werden Unternehmen nicht investieren, trotz günstiger Kreditzinsen?

....

d) Wie ist zu erklären, dass in den neuen Bundesländern die Sparquote anfangs (1990/91) nur bei 1,9 % lag, anschließend aber erheblich anstieg?

....

4 Beurteilen Sie die folgenden Sparformen hinsichtlich der genannten Anlagekriterien:

Sparform	Anlagekriterien		
	Verfügbarkeit	Ertrag	Sicherheit
Sparbuch/-konto			
Pfandbrief			
Aktie			

5 Die Ehepartner Bernd und Monika Struwe sind beide berufstätig und haben gemeinsam ein zu versteuerndes Jahreseinkommen von 34.530,00 €. Jeder der beiden Ehepartner hat einen Bausparvertrag und einen Beteiligungssparvertrag abgeschlossen. Das Ehepaar Struwe hat zwei Kinder und möchte nach Möglichkeit die staatlichen Prämien voll ausnutzen.

a) Prüfen Sie, ob das Ehepaar Struwe die Voraussetzungen für die Arbeitnehmersparzulage und für die Wohnungsbauprämie erfüllt. Welche Einkommensgrenzen gelten?

Obergrenzen für das zu versteuernde Einkommen im Förderjahr	Ledige	Verheiratete
Vermögensbildungsgesetz: • Bausparen • Beteiligungssparen		
Wohnungsbau-Prämiengesetz		

b) Wie viel € brutto darf das Ehepaar maximal verdienen, um noch in den Genuss der Arbeitnehmersparzulage zu kommen?

c) Berechnen Sie anhand folgender Tabelle, wie viel Euro Bernd und Monika Struwe jährlich sparen müssen, um die staatlichen Höchstprämien erhalten zu können.

| Anlageart | vermögenswirksame Leistungen | | | | Wohnungsbauprämie | | Summe |
	Bausparen (9 % Prämie)		Beteiligungssparen (20 % Prämie)		Bausparen (8,8 % Prämie)		
Arbeitnehmer	Monika	Bernd	Monika	Bernd	Monika	Bernd	–
Anlagebetrag in €							
Prämienbetrag in €							

d) Wie sieht es mit den Prämien aus, wenn das Ehepaar mehr spart, und wie, wenn es weniger spart?

e) Welche zusätzlichen Vorteile ergeben sich für viele Arbeitnehmer aus ihrem Arbeitsvertrag, aus Betriebsvereinbarungen oder aus ihrem Tarifvertrag?

4 Der Umgang mit Geld

Verbraucherdarlehen

Name: Datum:

1 Pauls Vater, Herr Keller, möchte sich ein neues Auto kaufen und das alte in Zahlung geben. Zur Schließung der Finanzierungslücke soll ein Darlehen (= Kredit) in Höhe von 8.000,00 € bei der Hausbank aufgenommen werden (Kreditkonditionen: 7,81 % Zinsen p.a. nominal, Laufzeit 36 Monate). Das Haushaltsbudget der Familie Keller sieht folgendermaßen aus:

Einnahmen:
- Nettoverdienst   3.171,50 €
- sonstige Einkünfte   218,00 €

Ausgaben:
- Lebensunterhalt   1.011,50 €
- Miete + Nebenkosten   827,00 €
- lfd. Kfz-Kosten   286,50 €
- Versicherungen usw.   459,50 €
- sonstige Ausgaben   272,50 €

a) Berechnen Sie den Betrag, der Familie Keller zur freien Verfügung verbleibt.

b) Wie beurteilen Sie die Kreditwürdigkeit der Familie Keller, wenn sonst keine finanziellen Verpflichtungen vorliegen?

c) Sollte Familie Keller nicht besser das alte Auto weiterfahren und erst den Kaufpreis für ein neues Auto ansparen? Wie beurteilen Sie die Kreditaufnahme gegenüber dem Ansparen?

Vorteile	Nachteile

d) Welche Bedeutung hat die Kreditauskunft für die Bank und für den Kreditnehmer?

(Fortsetzung der Aufgabe auf S. 58)

e) Zwecks Absicherung der Bank soll eine Sicherungsübereignung des Autos erfolgen. Erklären Sie diese Art der Sicherheit und ihre Abwicklung.

....

....

....

f) Wie hoch wäre die monatliche Rate bei den gegebenen Konditionen? Verwenden Sie zur Berechnung einen Online-Kreditrechner (z.B. www.zinsen-berechnen.de).

Kreditrechner		
Kreditbetrag:		
Laufzeit (LZ):		Monate
Zinsen:		.... % pro Monat
Gesamtaufwand:		Kredit + Zinsen
mtl. Rückzahlungsrate:		Gesamtaufwand/LZ
→ Sollzinssatz:		p.a. nominal
→ effektiver Zinssatz:		p.a. effektiv

g) Herr Keller überlegt, ob er eine Restschuldversicherung für 32,00 € vierteljährlich abschließen sollte. Wäre dies sinnvoll? Wie würden sich die monatliche Rückzahlungsrate und der Effektivzins ändern?

....

....

....

....

2 Der Autohändler wirbt mit einer günstig scheinenden Finanzierung seiner Autokreditbank:
→ 1,9% Effektivzins → Laufzeit 36 Monate. Barzahlung wäre dem Händler allerdings lieber. Herr Keller hat für diesen Fall einen Barzahlungsnachlass von 10 % ausgehandelt. Die Familie Keller müsste dann allerdings den Kredit (mit den o. g. Konditionen) bei ihrer Bank aufnehmen. Lesen Sie aus der folgenden Tabelle ab, ab welchem Preisnachlass der Kredit der Geschäftsbank günstiger ist als der Kredit der Autobank:

		Nachlass auf den Autopreis in Prozent						
Laufzeit in Monaten	Effektiv-zinssatz der Hausbank	Effektivzinssatz der Autobank						
		0	0,9	1,9	2,9	3,9	4,9	5,9
12	6	3,1	2,6	2,1	1,6	1,1	0,6	0,1
	7	3,6	3,1	2,6	2,1	1,6	1,1	0,6
	8	4,1	3,6	3,1	2,6	2,1	1,6	1,1
	9	4,5	4,1	3,6	3,0	2,5	2,0	1,5
24	6	5,8	5,0	4,0	3,0	2,0	1,1	0,1
	7	6,7	5,9	4,9	3,9	3,0	2,0	1,1
	8	7,6	6,8	5,8	4,8	3,9	2,9	2,0
	9	8,5	7,6	6,7	5,7	4,8	3,8	2,9
36	6	8,5	7,2	5,8	4,4	3,0	1,6	0,1
	7	9,8	8,5	7,1	5,7	4,3	2,9	1,5
	8	11,0	9,8	8,4	7,0	5,6	4,3	2,9
	9	12,2	11,0	9,6	8,3	6,9	5,9	4,2

4 Der Umgang mit Geld

Verbraucherinsolvenz

1 Pauls Schwester Sophie ist mit ihrem Freund Ingo – beide sind Auszubildende im größten Kaufhaus der Stadt – zusammengezogen. Sie haben natürlich unbegrenzte Wünsche und es ist ihnen zunächst auch nicht schwer gemacht worden, diese zu erfüllen. Dann aber kamen einige unerwartete Rechnungen…

a) Was meinen Sie, durch welche Konsumwünsche Sophie und Ingo in die Schuldenfalle geraten sein könnten?

b) Wie konnte es passieren, dass die beiden von unerwarteten Rechnungen überrascht wurden?

c) Wie hätten sich die beiden im Vorhinein vor diesen Problemen schützen können?

2 Sophie und Ingo haben sich so sehr übernommen, dass sie nicht mehr alle Rechnungen begleichen können und mit der fälligen Zahlung von Kreditraten in Rückstand geraten sind. Ein gangbarer Weg ist in diesem Fall die sogenannte Verbraucherinsolvenz. Klären Sie dazu folgende Fragen:

a) An wen sollten sich Sophie und Ingo wenden, um ihre finanzielle Lage zu klären?

b) Die Insolvenzordnung schreibt vor, dass zunächst eine außergerichtliche Einigung versucht werden muss. Warum wird solch eine Einigung gefordert und wie könnte sie aussehen?

(Fortsetzung der Aufgabe auf S. 60)

c) Können sich Schuldner und Gläubiger nicht einigen, muss sich der Schuldner die Ablehnung einer außergerichtlichen Einigung bescheinigen lassen und kann jetzt beim Amtsgericht einen Antrag auf Eröffnung eines Insolvenzverfahrens stellen. Wie sieht solch ein Verfahren aus?

....
....
....

d) Welche Pflichten muss der Schuldner in der 6-jährigen Wohlverhaltensphase erfüllen?

....
....
....
....

e) Stellen Sie das Verfahren einer Verbraucherinsolvenz mithilfe des folgenden Ablaufplans in der richtigen Reihenfolge dar. Folgende Wörter sind ins Schaubild einzusetzen:

> Bescheinigung erteilt? – Verfahren ist abgeschlossen – Versuch einer außergerichtlichen Einigung – vereinfachtes Insolvenzverfahren mit 6-jähriger Wohlverhaltensphase – Verfahren ist gescheitert – Versuch erfolgreich? – Antrag auf Eröffnung des Insolvenzverfahrens – Bescheinigung darüber wird beantragt – Verfahren endet mit der Restschuldbefreiung – Mehrheit der Gläubiger stimmt zu – Schuldner hält Bedingungen ein?

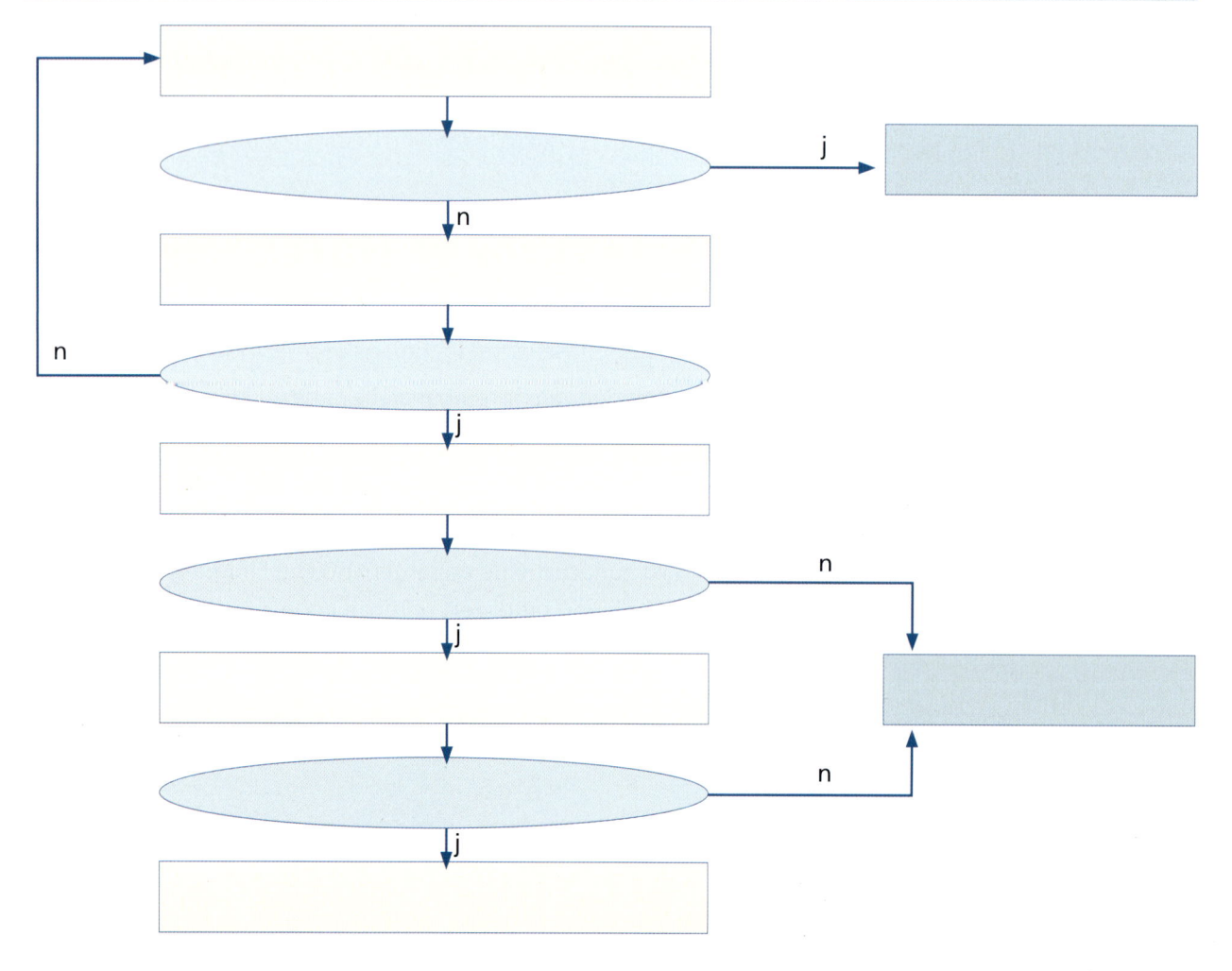

5 Arbeitsrecht

Einzelarbeitsvertrag

1 Der Auszubildende Till Schneider hat seine Gesellenprüfung mit Erfolg bestanden. Der Ausbildungsbetrieb Wunder & Co. bietet ihm eine Stelle als Geselle an. Es wird ein Arbeitsvertrag (= Dienstvertrag) zwischen Schneider (= Arbeitnehmer) und Wunder (= Arbeitgeber) abgeschlossen.

a) Welche wesentlichen Unterschiede bestehen zwischen dem Ausbildungsvertrag und dem Arbeitsvertrag?

	Ausbildungsvertrag	Arbeitsvertrag
Vertragszweck		
Befristung		
Probezeit		
Arbeitsinhalt		

b) Welche Inhalte sollte ein Arbeitsvertrag haben?

c) Arbeitnehmer und Arbeitgeber übernehmen bestimmte Pflichten. Erklären Sie diese und ordnen Sie diese dem Arbeitgeber (AG) oder Arbeitnehmer (AN) zu.

Pflichten	Erklärungen	AG/AN
Arbeitspflicht		
Fürsorgepflicht		
Weisungsgebundenheit		
Treuepflicht		
Lohnzahlungspflicht		
Beschäftigungspflicht		

2 Gegen welche Pflichten verstoßen die folgenden Fälle?

Fall	Pflichten
Die Schwester der Friseurin A., die Friseurmeisterin ist, springt stellvertretend ein, da A. verhindert ist.	
Arbeitgeber B. ist in Zahlungsschwierigkeiten. Deshalb zahlt er keine Sozialversicherungsbeiträge.	
Meister C. spricht mit seinem Fußballfreund über die Gewinne seines Chefs.	
Arbeitnehmer D. kommt morgens in den Betrieb. Leider ist keine Arbeit für ihn da.	
Der Chef verpflichtet Arbeitnehmer E., den Hof zu fegen. E. weigert sich.	

3 Nehmen Sie zu folgenden Fällen Stellung:
   a) Meister Nierlich kündigt am 20. Februar seine Stellung. Wann darf er frühestens gehen, wenn er nichts Besonderes vereinbart hat?

   b) Arbeitnehmer Klein, 60 Jahre, 5 Kinder, hat in einer Auseinandersetzung den Chef schwer beleidigt. Der Chef kündigt ihm fristlos. Zu Recht?

   c) Arbeitnehmer Fröhlich wird aus betrieblichen Gründen entlassen. Der Betriebsrat wird vorher schriftlich verständigt. Er lässt nichts von sich hören. Ist die Kündigung gültig? (Begründung)

4 Gem. § 1 KSchG muss jede Kündigung sozial gerechtfertigt sein. Was heißt das?

5 Nennen Sie sechs Personengruppen, die einen besonderen Kündigungsschutz genießen:

6 Warum ist einem Auszubildenden nach der Probezeit nicht ordentlich zu kündigen?

5 Arbeitsrecht
Kündigungsschreiben

a) Beurteilen Sie das folgende Kündigungsschreiben und nennen Sie die Fehler, die darin gemacht wurden.

Möbelwerk Möller GmbH
Bergstraße 25 • 12345 Neustadt

Möbelwerk Möller GmbH • Bergstraße 25 • 12345 Neustadt

Herrn
Philipp Grau
Bergstraße 5
12345 Neustadt

Neustadt, den 15. Juli 20XX

Kündigung

Sehr geehrter Herr Grau,

wir bedauern, Ihnen hiermit nach reiflicher Überlegung das Arbeitsverhältnis zum 1. August dieses Jahres kündigen zu müssen, wenn Sie nicht umgehend die erforderliche Pünktlichkeit einhalten. Die Gründe liegen, wie Sie aus unserer Aussprache vom 23. Juni dieses Jahres wissen, ausschließlich in Ihrem Verhalten.

Mit freundlichen Grüßen

Hausmann

Hausmann, Geschäftsführer

---

b) Könnte der Arbeitgeber Herrn Grau auch mündlich kündigen?

5 Arbeitsrecht

Arbeitszeugnis (1)

1 Herr Roth, ebenfalls im Möbelwerk Möller in der Verwaltung beschäftigt, hat selbst gekündigt. Die Firma war mit allen seinen Leistungen sehr zufrieden und schreibt ihm folgendes Zeugnis:

Möbelwerk Möller GmbH
Bergstraße 25 • 12345 Neustadt

Neustadt, den 28. April 20XX

Zeugnis

Herr Matthias Roth, geb. am 15. März 19XX, war bis zum 30. April 20XX in unserem Unternehmen beschäftigt. ❶

Herr Roth hat folgende Aufgaben in unserer Verkaufsabteilung ausgeübt: Angebotserstellung, Auftragsbearbeitung und -abwicklung. Er bearbeitete außerdem alle Reklamationen und Gewährleistungsfragen. ❷

Herr Roth zeigte gute Fachkenntnisse. ❸ Er bemühte sich, den zeitweise starken Arbeitsanfall zu bewältigen ❹ und arbeitete stets zuverlässig, äußerst genau und verantwortungsbewusst. ❺ Er beherrschte seinen Arbeitsbereich ❻ und bewältigte im Wesentlichen seine Aufgaben. ❼

Sein persönliches Verhalten gegenüber Vorgesetzten und Kunden war einwandfrei. ❽ Wir lernten in ihm einen umgänglichen Kollegen kennen. ❾

Wir bedauern, einen tüchtigen Mitarbeiter zu verlieren. ❿ Herr Roth verlässt uns auf eigenen Wunsch. ⓫ Wir wünschen ihm für die Zukunft alles Gute. ⓬

Möbelwerk Möller GmbH

Kümmerle

Kümmerle, Arbeitsvorbereitung ⓭

Überprüfen Sie, ob das Zeugnis richtig formuliert wurde, unter der Voraussetzung, dass man mit allen Leistungen Roths sehr zufrieden war. Beziehen Sie sich dabei auf die Ziffern ❶ bis ⓭.

5 Arbeitsrecht

Arbeitszeugnis (2)

2 Kreuzen Sie in der Tabelle an, ob die Zeugnisaussagen sehr gut, gut, befriedigend oder nicht befriedigend bedeuten.

Geheimsprache im Arbeitszeugnis Der Arbeitnehmer bzw. die Arbeitnehmerin	entspricht den Anforderungen			
	sehr gut	gut	befriedigend	nicht befriedigend
... hat die übertragenen Arbeiten zur vollen Zufriedenheit erledigt.				
... hat die ihm/ihr übertragenen Arbeiten stets zu unserer vollen Zufriedenheit erledigt.				
... zeigte ein vorbildliches Verhalten zu Mitarbeitern und Vorgesetzten (Achtung: Mitarbeiter stehen vor Vorgesetzten!)				
Das Verhalten zu Vorgesetzten und Mitarbeitern war vorbildlich. (Achtung: Vorgesetzter steht vor Mitarbeiter!)				
... verfügte über Fachwissen und setzte es ein.				
... verfügte über ein abgesichertes, erprobtes Fachwissen und löste durch dessen sichere Anwendung auch schwierige Aufgaben.				
... besitzt ein hervorragendes, jederzeit verfügbares Fachwissen und löst selbst schwierigste Aufgaben.				
... verfügte über das erforderliche Fachwissen und setzte es erfolgversprechend ein.				
... hatte immer wieder ausgezeichnete Ideen, gab wertvolle Anregungen; ergriff selbstständig alle erforderlichen Maßnahmen und führte diese entschlossen durch.				
... gab gelegentlich eigene Anregungen; übernahm die übertragenen Aufgaben und führte sie aus.				

3 Worin besteht der Unterschied zwischen einem einfachen und einem qualifizierten Zeugnis?

Merkmale eines einfachen Zeugnisses	Merkmale eines qualifizierten Zeugnisses

4 Daniel arbeitete zunächst drei Jahre bei der Firma Karlmann, dann wechselte er zur Firma Fuchs, wo er mittlerweile seit zwei Jahren arbeitet und nun innerhalb der Firma die Abteilung gewechselt hat.
Er bekommt ein Zwischenzeugnis von seinem Chef und hat dazu viele Fragen.
Wie sind diese arbeitsrechtlich zu beantworten?

a) „Ich wechsle innerhalb der Firma die Abteilung. Ist es nötig, dass ich mir ein Zwischenzeugnis ausstellen lasse?"

b) „Habe ich Anspruch auf ein Zeugnis bei Beendigung meines Arbeitsverhältnisses? Wozu dient es?"

c) „Was kann ich tun, wenn ich mit dem Inhalt des Arbeitszeugnisses nicht einverstanden bin?"

d) „Kann ich die gewünschten Änderungen auch selbst vornehmen?"

e) „Bei der Firma Karlmann habe ich kein Zeugnis bekommen. Kann ich jetzt noch ein Arbeitszeugnis verlangen?"

f) „Reicht ein mündliches Arbeitszeugnis ebenfalls aus?"

5 Arbeitsrecht

Kündigungsschutz

1 Kreuzen Sie an der richtigen Stelle an.

Kündigungsgründe sind...	... in der Person begründet	... im Verhalten begründet	... betriebliche Erfordernisse	... rechtlich nicht haltbar
lang anhaltende Krankheit				
grundloses Verlassen des Arbeitsplatzes				
mangelnde Aufträge				
dauerhafte Verweigerung von Überstunden				
mangelnde Einsatzfähigkeit				
Unpünktlichkeit				
Rationalisierung				
neuer Chef				
Störung des Betriebsfriedens				

2 Unter welchen Voraussetzungen ist ein Arbeitnehmer vom Kündigungsschutz ausgeschlossen?

....

....

....

3 Mit welcher Begründung bekommen folgende Personengruppen einen besonderen Kündigungsschutz?

• Betriebsratsmitglieder: ....

• Werdende und stillende Mütter: ....

• Langjährige Mitarbeiter: ....

4 Wie sind die folgenden Fälle zu lösen?

a) Deniz ist Konditor und wird am 15. Juni 18 Jahre alt. Ab dem 1. Juli will Deniz, der Mitglied der Gewerkschaft NGG ist, in Urlaub fahren. Er plant 25 Werktage Urlaub ein. Konditormeister Traub zeigt Deniz den gültigen Tarifvertrag, in dem 20 Werktage Urlaub vorgesehen sind.
Wie viel Urlaub steht Deniz zu?

....

....

(Fortsetzung der Aufgabe auf S. 68)

b) Das Ehepaar Inga und Sebastian Müller hat Nachwuchs bekommen. Sebastian arbeitet als Monteur, Inga ist nicht berufstätig. Trotzdem beantragt Sebastian Elternzeit. Zu Recht?

c) Tobias Hilf ist seit 15 Jahren als Dreher im Betrieb Ebbinhaus beschäftigt. Hilf ist 32 Jahre alt, hat zwei unterhaltsbedürftige Kinder und ist seit zehn Jahren verheiratet. Seine Frau arbeitet nicht. Marco Ruf arbeitet ebenfalls dort, aber erst seit neun Jahren. Er ist 28 Jahre alt und hat drei unterhaltspflichtige Kinder. Seine Frau geht im Vergleich zu Ruf einer geringfügigen Tätigkeit nach. Hilf wird aus betrieblichen Erfordernissen gekündigt, da Ruf bessere Leistungen erbringt. Ist diese Kündigung sozial gerechtfertigt?

d) Dekorationsnäherin Aishe Bilgin ist seit Abschluss ihrer Lehre mit 18 Jahren beim Raumausstatter Klingberg beschäftigt. Frau Bilgin ist jetzt 50 Jahre alt. Ihr wird aus betriebsbedingten Gründen ordentlich mit einer 4-Wochen-Frist zum 15. des Folgemonats gekündigt. Zu Recht?

5 ANKREUZTEST (jeweils eine Antwort ist richtig):

a) In welcher Form muss ein Arbeitsvertrag mindestens abgeschlossen werden?
○ schriftlich, aufgrund des Nachweisgesetzes
○ mündlich
○ auch bei 18-Jährigen mit Zustimmung der Eltern
○ vor der Handwerkskammer
○ mündlich plus Niederschrift aufgrund Nachweisgesetz

b) Welche der folgenden Pflichten gehört nicht zu den Pflichten des Arbeitgebers?
○ Treuepflicht
○ Lohnzahlungspflicht
○ Beschäftigungspflicht
○ Pflicht auf Bezahlung der Sozialversicherung
○ Pflicht zur Ausstellung eines Zeugnisses bei Ausscheiden aus der Firma

c) Eine ordentliche Kündigung ist grundsätzlich zulässig bei
○ Jugend- und Auszubildendenvertretern
○ Schwangeren
○ Zivildienstleistenden
○ langjährigen Mitarbeitern
○ Auszubildenden

d) Eine fristlose Kündigung ist möglich bei
○ Unpünktlichkeit
○ schwerem Diebstahl
○ Verweigerung von Überstunden
○ Unterlassen von Krankmeldung
○ wiederholter Krankheit

5 Arbeitsrecht

Tarifverträge und Betriebsvereinbarungen

1

Tarifverträge			
a) Welche Tarifvertragsarten gibt es?			
b) Für wie lange wird der Tarifvertrag ungefähr abgeschlossen?			
c) Was wird im jeweiligen Tarifvertrag geregelt?			

2 Warum ist der Abschluss von Tarifverträgen sinnvoll?

- Sinnvoll für Arbeitnehmer:

....
....
....
....
....
....

- Sinnvoll für Arbeitgeber:

....
....
....
....
....
....

3 Im Folgenden sind Teile einer Betriebsvereinbarung (= Arbeitsordnung, Betriebsordnung) mit Lücken abgedruckt. Füllen Sie diese mit den unten stehenden Begriffen aus:

Allgemeine Bestimmungen

Die Betriebsvereinbarung wird zwischen dem .... und dem .... vereinbart.

Sie soll den .... gewährleisten und einen reibungslosen .... ermöglichen.

Sie ist vom Zeitpunkt des Inkrafttretens für alle .... und .... verbindlich.

Ein Exemplar der Betriebsvereinbarung ist ständig am .... auszuhängen.

> Schwarzen Brett – Arbeitgeber – Mitarbeiter – Betriebsrat – Auszubildenden – Betriebsfrieden – Arbeitsablauf

4 Zur Ordnung im Betrieb sind folgende Regelungen notwendig.
Was könnte wohl dort geregelt werden?

a) Arbeitszeit:

b) Pause:

c) Urlaub:

d) Lohn- und Gehaltszahlung:

5 Auch die Verhaltensweisen des Arbeitnehmers werden in Betriebsvereinbarungen vorgegeben. Nennen Sie vier mögliche Verhaltensvorgaben.

5 Arbeitsrecht

Interessenvertretung der Arbeitnehmer

1 Stellen Sie dem Betriebsrat die Jugend- und Auszubildendenvertretung gegenüber.

	Betriebsrat	Jugend- und Auszubildendenvertretung
Wer ist wahlberechtigt?		
Wer ist wählbar?		
Für wie lange?		
Welche Aufgaben haben die jeweiligen Organe?		

2 Die folgenden Fälle werden dem Betriebsrat vorgelegt. Wie wird er entscheiden oder empfehlen?

a) Claudia arbeitet als Schreibkraft in einem Büro eines großen Handwerksbetriebs mit noch zwei anderen Kolleginnen. Wegen einer rheumatischen Erkrankung versteifen sich ihre Finger der linken Hand. Sie kann die Schreibarbeit nicht mehr erledigen. Da eine Kündigung aus gesundheitlichen Gründen wahrscheinlich wird, wendet sie sich an den Betriebsrat. Was kann der bewirken?

....
....
....
....

b) Lukas ärgert sich über einen Kollegen. Deshalb beleidigt er diesen über Facebook und Twitter. Sein Chef liest diese Informationen und kündigt ihm fristlos. Lukas wendet sich an den Betriebsrat.

....
....
....
....

(Fortsetzung der Aufgabe auf S. 72)

c) Elektriker Franz Schön bricht einen Schrank im Sozialraum auf und entwendet eine Geldbörse. Er wird dabei von einem Kollegen gesehen, der den Chef sofort benachrichtigt. Der Chef kündigt Schön fristlos ohne Abmahnung. Schön wendet sich an den Betriebsrat.

....

....

....

3 In welcher Form darf der Betriebsrat bei unternehmerischen Entscheidungen mitbestimmen?

Der Betriebsrat hat folgende Rechte… …in diesen Fällen	Mitbestimmung	Mitwirkung	Unterrichtung
1. Kündigungen			
2. Investitionen			
3. Erstellung der Betriebsvereinbarung			
4. Erstellung des Urlaubsplans			
5. Akkord- und Prämiensätze			
6. Änderung der Betriebsorganisation			
7. Festlegung der täglichen Arbeitszeit und Pausen			
8. Gestaltung des Arbeitsplatzes			
9. Einstellungen			
10. Unfallverhütung			

4 ANKREUZTEST (jeweils eine Antwort ist richtig):

a) Unter Tarifautonomie versteht man:

○ Arbeitgeberverband und Gewerkschaft verhandeln über den Tarifvertrag unter Beachtung staatlicher Vorschriften.

○ Der Staat darf sich grundsätzlich bei Tarifverhandlungen nicht einmischen.

○ Der Wirtschaftsminister gibt für die Lohntarifverhandlungen die ungefähre Steigerung vor.

b) Unter Friedenspflicht versteht man:

○ Es dürfen keine politischen Reden im Betrieb gehalten werden.

○ Nach Streiks müssen alle Arbeitnehmer wieder im Betrieb aufgenommen werden; es dürfen keine Kündigungen erfolgen.

○ Während der Tarifvertragsdauer darf der Produktionsprozess nicht durch Streiks oder Aussperrungen unterbrochen werden.

c) Warnstreik bedeutet:

○ Kurze Arbeitsunterbrechungen sollen die Gewerkschaft in laufenden Tarifverhandlungen unterstützen.

○ Länger anhaltende Streiks sollen den Unternehmen als Warnung für das Erfüllen der Gewerkschaftsforderungen dienen.

○ Während der Laufzeit des Tarifvertrags finden kurze Streiks statt, um Forderungen der Arbeitnehmer zu unterstützen.

5 Arbeitsrecht

Mitbestimmung im Aufsichtsrat

Name: Datum:

1 Erarbeiten Sie das Mitbestimmungsmodell nach dem Drittelbeteiligungsgesetz mit 9 Aufsichtsratsmitgliedern. Benennen Sie die einzelnen Organe mit den unten stehenden Begriffen und kennzeichnen Sie durch Pfeile den Weg der Wahlen bzw. der Ernennungen.

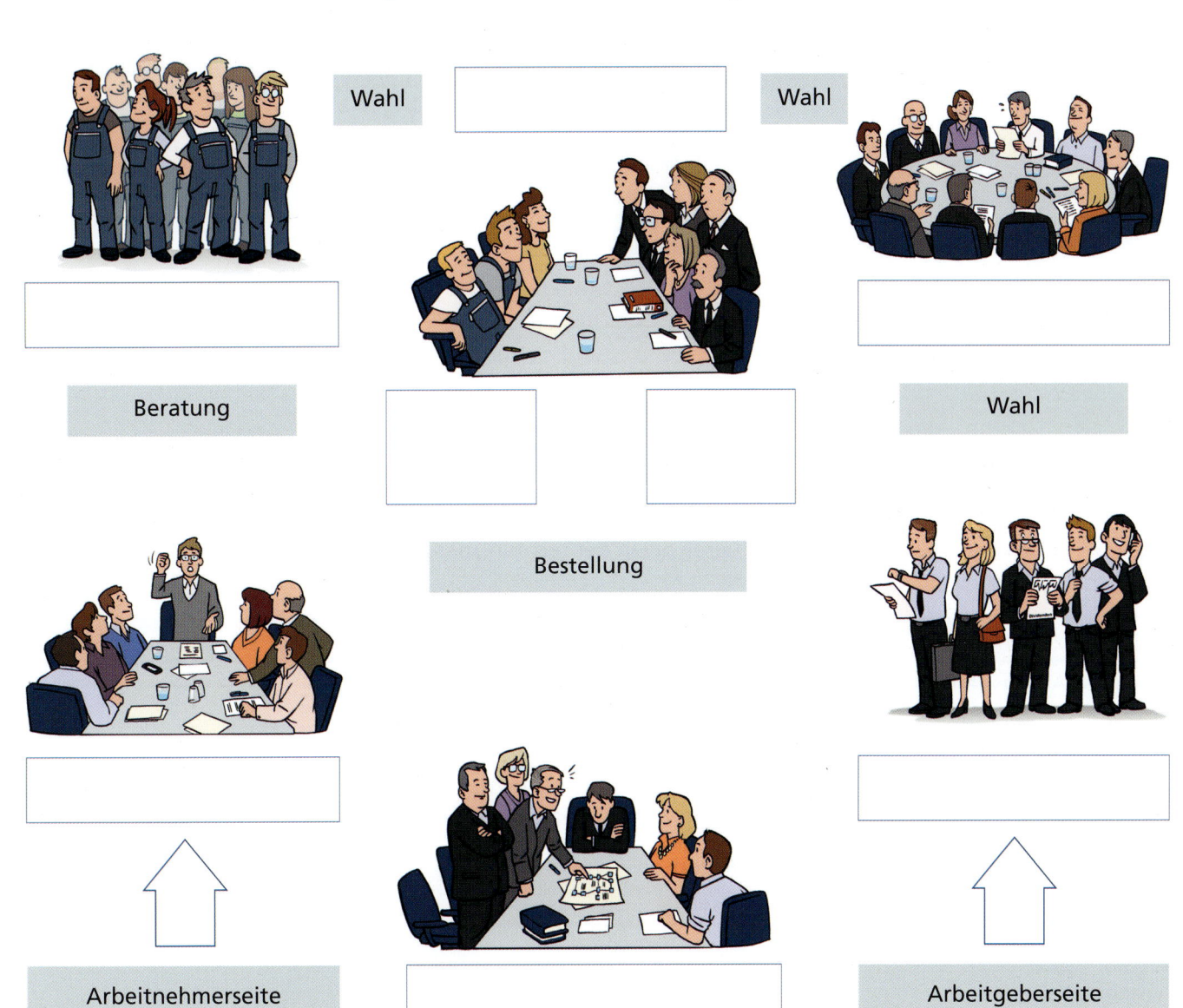

Wahl   Wahl

Beratung   Wahl

Bestellung

Arbeitnehmerseite   Arbeitgeberseite

Belegschaft – Gewerkschaften – Vorstand – Hauptversammlung – Aktionäre – Aufsichtsrat – 3 Arbeitnehmervertreter – 6 Kapitalvertreter

2 Für welche Unternehmensgröße gilt das Drittelbeteiligungsmodell, das oben dargestellt wird?

5 Arbeitsrecht

Arbeitsgericht

1

a) Wofür ist das Arbeitsgericht zuständig?
= sachliche Zuständigkeit

....
....
....

c) Welches Arbeitsgericht ist zuständig?
= örtliche Zuständigkeit

....
....
....

Berufsrichter

Laienrichter   Laienrichter

b) Von wem darf man sich im Prozess in der ersten Instanz vertreten lassen?
= Prozessvertretung durch

....
....
....

d) Wer darf das Arbeitsgericht anrufen?
= Parteifähigkeit

....
....

2 Wie muss eine Klage aussehen? Notieren Sie in der rechten Spalte die allgemeinen Inhalte in Stichwörtern.

Beispiel für eine Klage	allgemeine Inhalte
An das Arbeitsgericht Frankfurt	
In Sachen des am 05. Sept. 1999 geborenen minderjährigen Auszubildenden Timo Schneider, gesetzlich vertreten durch seine Eltern Anton Schneider und Birgit Schneider (geb. Becker), 60589 Frankfurt, Hauptstraße 4,	Kläger:
gegen den Kaufmann Otto Barth, 61234 Frankfurt, Neustraße 5,	Beklagter:
erhebe ich Klage und beantrage zu erkennen: I. Es wird festgestellt, dass das Arbeitsverhältnis der Parteien durch die am 31. April 20XX ausgesprochene fristlose Kündigung des Beklagten nicht aufgelöst worden ist. II. Der Beklagte wird verurteilt, an den Kläger 900,00 € nebst 4 % Zinsen seit Klageerhebung zu zahlen. III. Der Beklagte trägt die Kosten des Rechtsstreits.	Klage:

6 Entlohnung der Arbeit

Lohnformen (1)

Name: Datum:

1 In der Textilfabrik in Lörrach werden unterschiedliche Formen der Entlohnung angewandt.

a) Erklären Sie die folgenden Lohnformen:

Lohnformen		
Zeitlohn	Leistungslohn	Beteiligungslohn

Akkordlohn	Prämienlohn

b) Ordnen Sie den folgenden Berufen/Tätigkeiten in der Textilfabrik eine geeignete Lohnform zu:

Beruf/Tätigkeit	Lohnform
Maschineningenieur zur Betreuung der Näh- und Webmaschinen	
Näherin an einer Nähmaschine mit möglichst fehlerfreier Arbeit	
Außendienstmitarbeiter (Vertreter) für die Betreuung von Großabnehmern	
Hilfsarbeiter für die Warenannahme und -ausgabe	
Weber an einem halbautomatischen Webstuhl	

(Fortsetzung der Aufgabe auf S. 76)

c) Stellen Sie die Vor- und Nachteile von Zeitlohn und Leistungslohn einander gegenüber:

	Zeitlohn	Leistungslohn
Vorteile		
Nachteile		

2 Berechnen Sie folgende Löhne der Textilfabrik für einen Monat mit 21 Arbeitstagen:

a) Näherin Annelies arbeitet pro Woche 38,5 Stunden und erhält einen Stundenlohn von 10,80 €. Welcher Betrag wird am Monatsende überwiesen?

   1. Wie lautet die allgemeine Formel zur Berechnung des Bruttolohns?

   2. Berechnen Sie.

b) Näherin Marie erhält ebenfalls einen Grundlohn von 10,80 € pro Stunde. Sie arbeitet aber im Akkord und bekommt 0,54 € pro Stück. Die Normalleistung pro Tag ist 154 Stück, die durch eine Arbeitszeitstudie festgelegt wurde. Errechnen Sie ihren Monatsverdienst bei Normalleistung und bei erhöhter Leistung von 200 Stück pro Tag.

   1. Wie lautet die allgemeine Formel?

   2. Berechnen Sie: für 154 Stück   für 200 Stück

c) Die Textilfabrik stellt von Stückgeldakkord auf Stückzeitakkord um. Die Normalleistung beträgt nun 3 Minuten pro Stück. Errechnen Sie den Monatsverdienst für die Normalleistung und die erhöhte Leistung von 200 Stück.

   1. Wie lautet die allgemeine Formel?

   2. Wie errechnet sich der Minutenfaktor?

   3. Berechnen Sie: für 154 Stück: für 200 Stück:

6 Entlohnung der Arbeit

Lohnformen (2)

Name: Datum:

3 Der folgende Zeitungsausschnitt zeigt, dass das Problem der Mitarbeiterbeteiligung erkannt und zum Teil in (größeren) Firmen umgesetzt wird:

> **Die Angestellten finanziell am Erfolg der Firma zu beteiligen, ist eine „Win-win-Situation"**
>
> Die Angestellten der Lörracher Textilfabrik können seit einigen Jahren stille Beteiligungen zeichnen. Dadurch sind sie nicht nur Miteigentümer ihrer Firma, sondern sie haben auch das Recht auf eine Beteiligung am Gewinn der Firma. Durchschnittlich beträgt die Rendite für die mehr als 80 Mitarbeiter stolze 12 Prozent. Theoretisch müssten sie auch einen Verlust mittragen. Das ist allerdings glücklicherweise noch nie vorgekommen.

a) Welches sind die Motive von Unternehmen, ihre Mitarbeiter am Erfolg zu beteiligen?

b) Welche Bedeutung hat eine Kapitalbeteiligung für das Unternehmen und für den Mitarbeiter?
• Unternehmen:

• Mitarbeiter:

c) Der Mitarbeiter kann am Eigenkapital oder am Fremdkapital beteiligt werden. Erläutern Sie diese beiden Möglichkeiten.
• Beteiligung am Eigenkapital:

• Beteiligung am Fremdkapital:

4 Die Tabelle zeigt, wie sich der Anteil der Lohnformen in der Metall- und Elektro-Industrie (M+E) in 35 Jahren verändert hat (angegebene Werte dienen nur als Beispiel).

Anteil der Lohnformen in der M+E-Industrie			
Jahr	Zeitlohn	Akkordlohn	Prämienlohn
1980	51,7	39,8	8,5
1985	52,7	38,2	9,1
1990	53,2	36,5	11,3
1995	51,7	31,7	16,8
2000	51,0	27,0	21,8
2005	53,2	22,8	24,2
2010	53,0	19,5	25,1
2015	52,4	18,1	29,5

a) Stellen Sie die Daten in der folgenden Grafik mit unterschiedlichen Farben anschaulich dar.

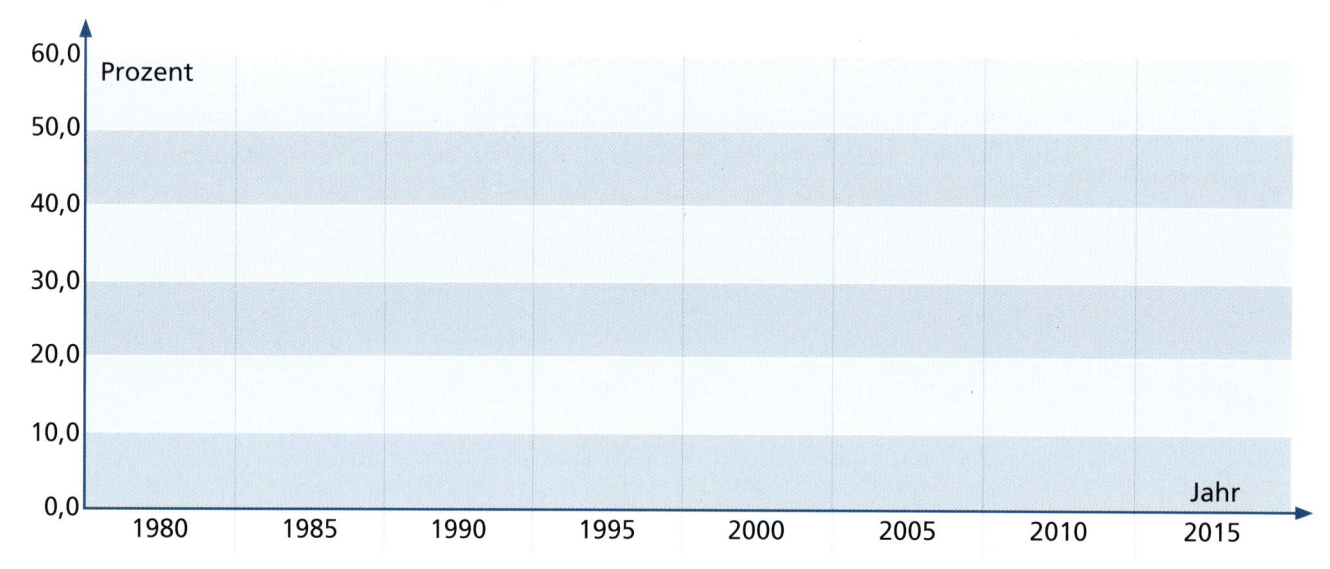

b) Beschreiben Sie die Entwicklung bei den verschiedenen Lohnformen.

c) Wie lässt sich die beschriebene Entwicklung erklären?

6 Entlohnung der Arbeit

Gerechte Entlohnung

Name: Datum:

1 Fügen Sie die unten stehenden Begriffe korrekt in den Lückentext ein:

Die Arbeitsbewertung ist ein Hilfsmittel zur _____ der Höhe der _____ an die _____. Sie stellt die _____ für die _____ dar und dient dazu, die Lohnhöhe nach dem _____ zu bestimmen. Die Schwierigkeit wird in _____ ausgedrückt. Diese hängen wiederum von der Anforderung und der _____ ab.

> Beanspruchung – Lohnformen – Grundlage – Schwierigkeitsgrad – Punkten – Anforderungen – Bestimmung – Mitarbeiter

2 Nehmen Sie eine analytische Arbeitsbewertung vor, indem Sie in der Tabelle unten für folgenden Arbeitsplatz Tätigkeiten und Belastungen aufzählen und mit Punkten bewerten.

Arbeitsplatzbeschreibung:

Beruf: Schreinergeselle
Arbeitsauftrag: Anfertigen von Zimmertüren aus Holz
Arbeitsplatz: Schreinerwerkstatt, ausgestattet mit Bandsäge, Tischkreissäge, Fräsmaschine, Bohrmaschine usw., Tageslicht, Absaugvorrichtungen an den Maschinen
Arbeitsauftrag: Zeichnungen lesen, Schnittliste aufstellen, Material aussuchen, Holz anzeichnen, Rohmaße schneiden, Türen schleifen und lackieren

Anforderungsarten	Einzelangaben zur Fertigung	max. Bewertung	erreichte Punkte
Kenntnisse		5	
Geschicklichkeit		5	
geistige Belastung		5	
Muskelbeanspruchung		5	
Verantwortung für Betriebsmittel		5	
Verantwortung für Arbeitsfluss		5	
Verantwortung für Arbeit anderer		5	
Beeinflussung durch Umgebung		5	
Punktzahl insgesamt		40	

Nach welcher Lohngruppe ist der Schreinergeselle gemäß nachfolgender Tabelle zu bezahlen? _____

Punkte	0–8	9–14	15–20	21–24	25–29	30–35	36–40
Lohngruppe	1	2	3	4	5	6	7

3 Der ausgezahlte Lohn für einen Arbeitnehmer besteht meistens aus einer Mischung aus Leistungskomponente und Sozialkomponente.

a) Nennen Sie Beispiele für jede dieser beiden Komponenten.
- Entlohnung nach Leistung:
- Entlohnung nach sozialen Aspekten:

b) Frauen erhalten auch heutzutage bei gleicher Qualifikation häufig noch eine niedrigere Entlohnung als Männer (tatsächlich beträgt der Abstand im produzierenden Gewerbe ca. 20 %). Nennen Sie mögliche Gründe für die unterschiedliche Behandlung der Geschlechter.

c) Auch ausländische Arbeitnehmer werden bei der Entlohnung häufig benachteiligt. Welche Gründe könnten dabei eine Rolle spielen?

4 In den meisten Ländern der Europäischen Union (EU) erhalten geringverdienende Arbeitnehmer einen Mindestlohn.

a) Welche Wirkung können gesetzliche Mindestlöhne auf Beschäftigung und Preise haben?

b) In Deutschland und den anderen EU-Ländern gibt es tarifliche Mindestlöhne. Worin besteht der Unterschied zum gesetzlichen Mindestlohn?

6 Entlohnung der Arbeit

Arbeitszeitstudie nach REFA

Name: Datum:

Die Textilfabrik erhält von einem Händler den Auftrag zur Produktion von 100 hochwertigen Leinentischdecken. Herr Rudolf, der Produktionsleiter, berechnet für diesen Auftrag die Arbeitszeit nach REFA (Verband für Arbeitsgestaltung, Betriebsorganisation und Unternehmensentwicklung).

Er berücksichtigt dabei …
- die reguläre Rüstgrundzeit zum erstmaligen Einrichten der Maschinen und veranschlagt dafür 160 Minuten;
- die Rüstverteilzeit für unregelmäßig anfallende Arbeiten, wie z. B. Wartung einer Maschine, Spindeln wechseln etc., aber auch für kurze Erholungspausen; er setzt dafür 25 % der Rüstgrundzeit an;
- die eigentliche Ausführungsgrundzeit zum Zuschneiden und Nähen einer Tischdecke in Höhe von 20 Minuten;
- die Ausführungsverteilzeit für Warte- und Erholzeiten, für die er 10 % von der Ausführungsgrundzeit kalkuliert.

a) Berechnen Sie mithilfe des folgenden Schemas die gesamte Zeit (in Minuten), die für die Ausführung des Auftrags zu veranschlagen ist.

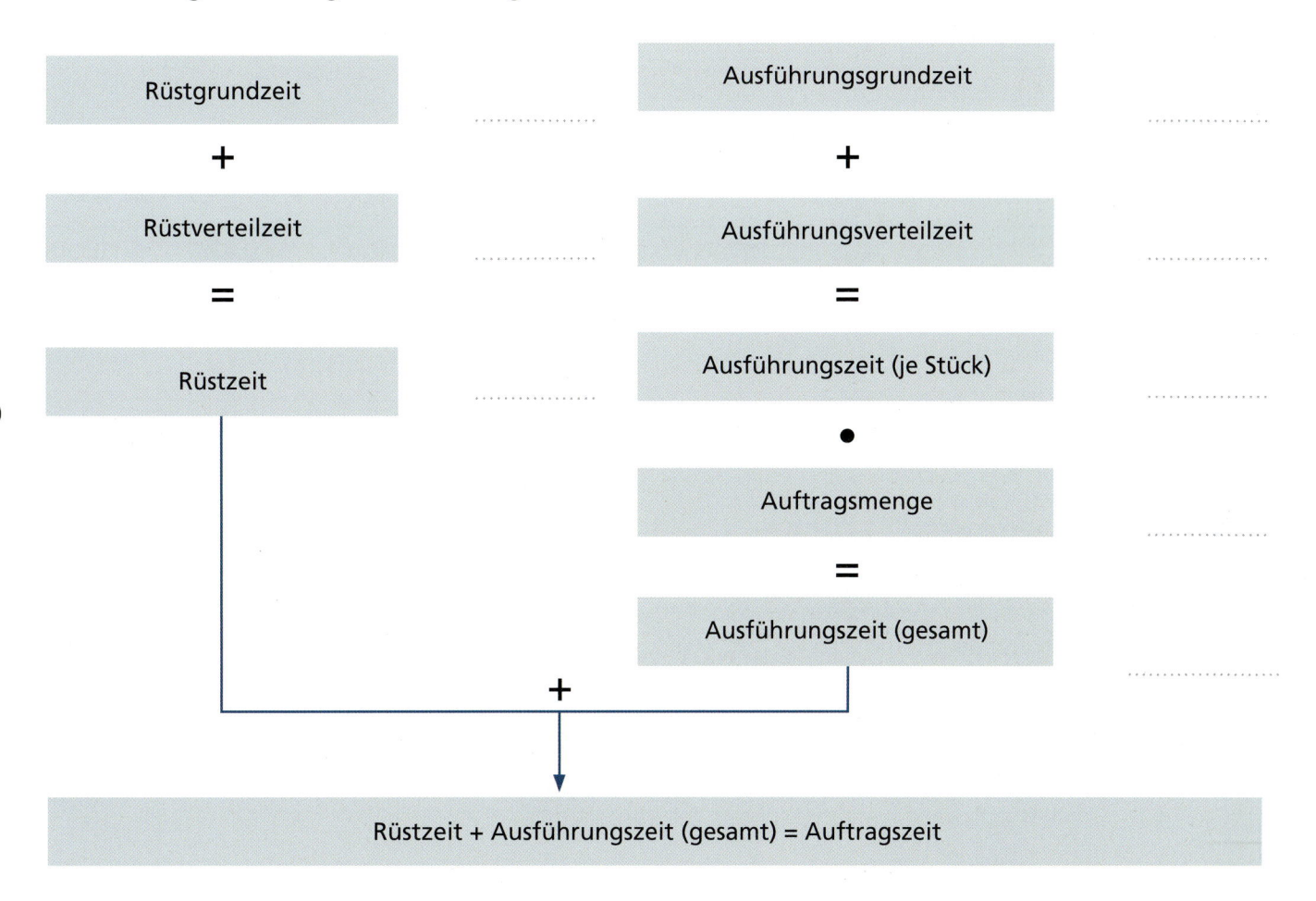

```
Rüstgrundzeit                          Ausführungsgrundzeit
      +                                        +
Rüstverteilzeit                        Ausführungsverteilzeit
      =                                        =
   Rüstzeit                            Ausführungszeit (je Stück)
                                                •
                                            Auftragsmenge
                                                =
                                       Ausführungszeit (gesamt)
                      +

         Rüstzeit + Ausführungszeit (gesamt) = Auftragszeit
```

b) Wie viele Tage/Stunden dauert der Auftrag?

6 Entlohnung der Arbeit

Lohnabrechnung

Anton Kassel, Geselle, ist verheiratet, konfessionslos und hat 1 Kind. Die Ehefrau ist nicht berufstätig.
Er arbeitete im vergangenen Monat 162 Stunden regulär. Darüber hinaus machte er 12 Überstunden, davon 3 Stunden nachts in der Zeit von 20 bis 23 Uhr. Außerdem arbeitete er 4 Stunden an einem gesetzlichen Feiertag.
Kassel zahlt jährlich 480,00 € auf einen vermögenswirksamen Bausparvertrag ein. Der Arbeitgeber zahlt ihm 15,00 € pro Monat dazu. Für einen Meisterkurs kann er erhöhte Werbungskosten geltend machen und lässt einen Freibetrag von 75,00 € in seine Lohnsteuerkarte eintragen.
Sein Stundenlohn beträgt 12,30 €. Als Zuschläge bekommt er:
- 25 % steuer- und sozialversicherungspflichtig für Überstunden und Nachtarbeit
- 125 % steuer- und sozialversicherungsfrei an gesetzlichen Feiertagen

Sozialversicherung: Es gelten folgende Beitragssätze des Jahres _____

Sozialversicherungsart	%-Satz	% vom AN zu tragen
Krankenversicherung		
Rentenversicherung		
Arbeitslosenversicherung		
Pflegeversicherung		
Zuschlag PV für Kinderlose		

a) Tragen Sie die aktuellen Sozialversicherungswerte in die Tabelle oben rechts ein.
b) Berechnen Sie in der Tabelle unten das Gehalt, die Abzüge (mithilfe eines Lohnsteuerrechners im Internet) und den Auszahlungsbetrag für Anton Kassel.

Abrechnung der Brutto-Netto-Bezüge		Monat_____			
Name, Vorname	Steuerklasse	Kinderzahl	Kinderfreibetrag	Konfession	Freibetrag

Arbeitslohn	Std.	Stdn.-lohn	Überstdn.	%-Zuschlag	lohnsteuerfrei	sozialvers.-frei	Bruttobetrag

Steuerbrutto	Einkommensteuer	Solid.-zuschlag	Kirchensteuer	Summe	Summe	Gesamtbrutto

Sozialvers.brutto	Krankenvers.	Rentenvers.	Arbeitsl.vers.	Pflegevers.	Summe Abzüge

Nettobezüge	Überweisung Bausparvertrag	Auszahlung

6 Entlohnung der Arbeit

Wirtschaftliche Aspekte der Entlohnung

Name: Datum:

1 Die Tabelle rechts zeigt, wie viel Lohnnebenkosten im Durchschnitt auf 100,00 € Direktentgelt entfallen.

19,73 €	Sozialversicherungsbeiträge des Arbeitgebers
4,20 €	Lohnfortzahlung bei Krankheit
4,50 €	sonstige: Mutterschutz usw.
19,00 €	Urlaubsgeld
8,10 €	Gratifikation usw.
8,00 €	betriebliche Altersversorgung Vermögensbildung
7,80 €	sonstige: Familienbeihilfe usw.
	Summe

a) Wie viel % betragen die Lohnnebenkosten vom direkt gezahlten Lohn?

....

....

b) Welche Beträge sind gesetzliche und welche tarifliche bzw. betriebliche Lohnnebenkosten?

....

....

....

....

c) Die folgenden beiden Stellungnahmen zu den Lohnnebenkosten sind sehr gegensätzlich. Geben Sie die jeweilige Argumentation unten mit eigenen Worten wieder und stellen Sie fest, von wem diese Meinungen stammen könnten. Welche Meinung haben Sie zu diesem Problem?

Stellungnahme 1	**Stellungnahme 2**
Die soziale Sicherheit in Deutschland wird überwiegend durch Sozialbeiträge von der Arbeit finanziert. Eine Entlastung der Arbeit von Abgaben ist notwendig. Dies aber nicht durch Kürzung von Sozialleistungen, sondern durch eine gerechtere Finanzierung des Sozialsystems: Indem der Energieverbrauch, Vermögen und Spitzeneinkommen stärker herangezogen werden und bestehende Lohnabgaben von der gesamten Wertschöpfung berechnet werden.	Jede Handlung der Wirtschaftspolitik, die die Lohnnebenkosten erhöht und damit die Wettbewerbsfähigkeit des Faktors Arbeit schwächt, ist eine Todsünde, die noch mehr Arbeitslose schafft. Das kann nicht mehr hingenommen werden, dieser Trend muss gebrochen werden. Lohnnebenkosten in dieser dramatischen Höhe veranlassen deutsche Unternehmen, im Ausland zu investieren. Umgekehrt hindern sie Unternehmen im Ausland daran, in Deutschland zu investieren. Wann, endlich, werden Regierung und Parlament etwas dagegen tun?

• Stellungnahme 1: ....

....

....

• Stellungnahme 2: ....

....

....

(Fortsetzung der Aufgabe auf S. 84)

- Eigene Stellungnahme:

2 In der Tabelle werden die jährlichen Steigerungen der Tariflöhne und des Preisniveaus wiedergegeben.

a) Berechnen Sie die jährliche Steigerung der Tariflöhne, bereinigt um die Inflationsrate (Reallohnentwicklung).

Jahr	2003	2004	2005	2006	2007	2008	2009	2010	2011	2012	2013
Zunahme des Tariflohns	2,7	2,0	1,3	1,2	2,0	3,1	2,8	1,9	1,5	2,7	2,5
Zunahme der Verbraucherpreise	1,0	1,7	1,6	1,5	2,3	2,6	0,3	1,1	2,1	2,0	1,5
Veränderung des Reallohns											

(Veränderung gegenüber dem Vorjahr in Prozent – Quelle: Statistisches Bundesamt)

b) Übertragen Sie die Werte aus der Tabelle oben in folgendes Diagramm und kennzeichnen Sie die einzelnen Linien farbig.

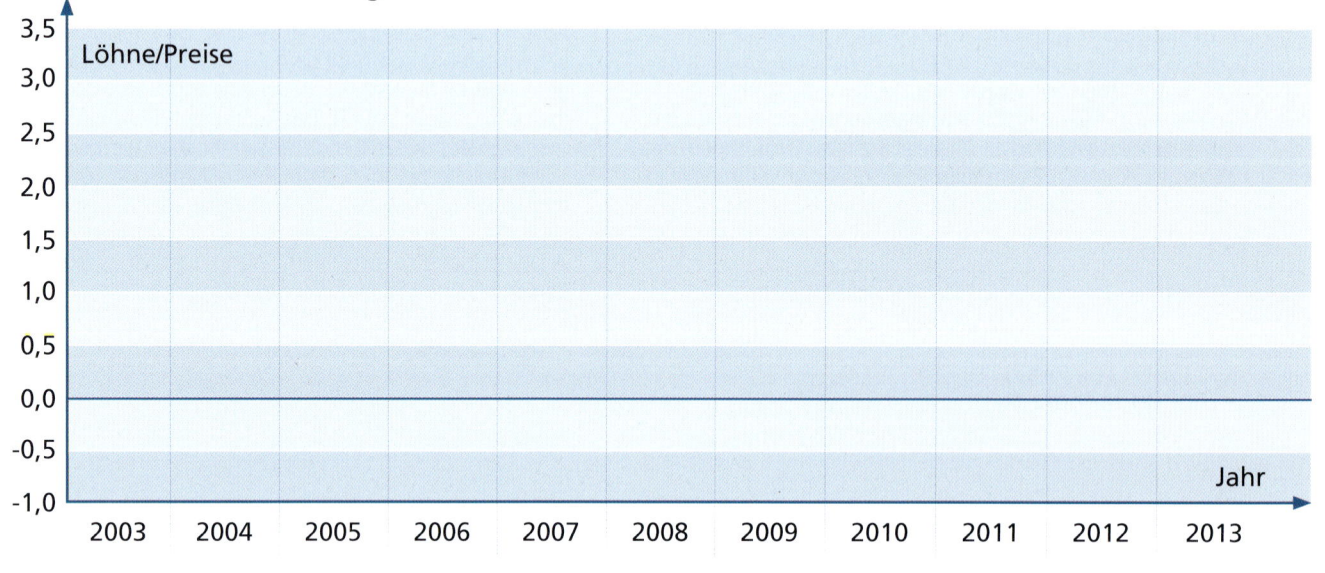

c) Wie beurteilen Sie die Entwicklung der Reallöhne im Zeitablauf?

7 Soziale Marktwirtschaft

Markt und Preisbildung (1)

Name: Datum:

1 Zu welchen Marktarten gehören die in den folgenden Bildern dargestellten Sachverhalte?

Marktarten

....
....
....

2 Welche Marktform liegt in den folgenden Beispielen zugrunde? Kreuzen Sie an.

Beispiele	Polypol	Angebotsmonopol	Nachfragemonopol	Angebotsoligopol	Nachfrageoligopol
a) Wochenmarkt in einer Kleinstadt					
b) Automobilmarkt in Deutschland					
c) Verkehrsnetz in einer Großstadt					
d) Kaffeemarkt in Deutschland					
e) Milchwirtschaft in einer Region					
f) kommunale Elektrizitätsversorgung					
g) Rüstungsindustrie in Deutschland					
h) Gebrauchtwagenmarkt					
i) Bau eines neuen Autobahnabschnitts					
j) Verarbeitung von Zuckerrüben					

3 Ergänzen Sie die Lücken zu den Marktformen und nennen Sie rechts die Anzahl der Marktteilnehmer.

Monopol		
Preisbildung:		....
....		Markt
Beispiel:		....
Oligopol		
Preisbildung:		....
....		Markt
Beispiel:		....
Polypol		
Preisbildung:		....
....		Markt
Beispiel:		....

4 Ergänzen Sie den Lückentext zum Thema „Angebot und Nachfrage". Verwenden Sie dabei die unten stehenden Begriffe.

Der .... ist der Ort, an dem .... und .... zusammentreffen. Die Anbieter wollen zu einem Preis ...., bei dem ihr Gewinn möglichst .... ist, während die Nachfrager zu einem möglichst .... Preis .... wollen und somit mehr kaufen können. Der Markt hat die Funktion, diese unterschiedlichen .... der Anbieter und Nachfrager mithilfe des .... auszugleichen. Bei .... Preis nimmt die Nachfrage zu, aber das .... sinkt – und umgekehrt sinkt die .... bei .... Preis und das Angebot .... Die Preisbildung kann sehr gut anhand der Börse dargestellt werden, die einen nahezu .... Markt darstellt. Dieser ist durch drei wesentliche Merkmale gekennzeichnet:

- Es handelt sich um ein .... Gut mit gleichbleibender Qualität.
- Es besteht vollständige ...., d. h. alle Anbieter und Nachfrager sind informiert über die notwendigen ...., die für den Abschluss eines Kaufvertrags notwendig sind, und insbesondere kennen sie die .... und .... der anderen Marktteilnehmer.
- Es bestehen keine ...., ... oder .... Bevorzugungen (Präferenzen) zwischen den Marktteilnehmern.

> gleichartiges – Preisvorstellungen – groß – Daten – einkaufen – Preises – Angebot – Angebot – Nachfrage – Nachfrage – persönlichen – steigendem – steigt – sinkendem – zeitlichen – vollkommenen – verkaufen – Marktübersicht – Markt – Mengenvorstellungen – räumlichen – niedrigen – Pläne

7 Soziale Marktwirtschaft

Markt und Preisbildung (2)

5 Um den Ablauf der Preisbildung darzustellen, gehen wir an die Frankfurter Börse und beobachten die Preisentwicklung für eine Aktie des Unternehmens XY. Verschiedene Nachfrager der Aktie sind an die Börse gekommen und jeder hat eine genaue Vorstellung, wie viel er höchstens bereit ist, für die Aktie zu zahlen (siehe Tabelle Nachfrager). Andererseits sind die Anbieter dieser Aktie ebenfalls mit bestimmten Vorstellungen über Mindestverkaufspreise an die Börse gekommen (siehe Tabelle Anbieter).

a) Errechnen Sie jeweils die gesamte Anzahl der Nachfrager und Anbieter, die zum jeweiligen Kurs kaufen bzw. verkaufen wollen.
(Beachten Sie dabei, dass zu denjenigen Nachfragern, die z. B. nur bereit sind, bei einem Kurs von 603,00 € zu kaufen, noch die Nachfrager hinzukommen, die auch einen höheren Kurs akzeptiert hätten.)

Nachfrager		insgesamt (aufsummiert)	Anbieter		insgesamt (aufsummiert)
9 wollen höchstens zahlen	599,00 €		1 will mindestens erhalten	599,00 €	
13 wollen höchstens zahlen	601,00 €		7 wollen mindestens erhalten	601,00 €	
10 wollen höchstens zahlen	603,00 €		12 wollen mindestens erhalten	603,00 €	
5 wollen höchstens zahlen	605,00 €		5 wollen mindestens erhalten	605,00 €	
4 wollen höchstens zahlen	607,00 €		6 wollen mindestens erhalten	607,00 €	
1 will höchstens zahlen	609,00 €		2 wollen mindestens erhalten	609,00 €	

b) Tragen Sie die errechnete Gesamtnachfrage bzw. das Gesamtangebot zum jeweiligen Preis (Kurs) als Kurven in das Preis-Mengen-Diagramm ein.

c) Wie heißt der Schnittpunkt der Angebots- und Nachfragekurve?

d) Welche Aussagen lassen sich zu diesem Schnittpunkt hinsichtlich Ausgleich von Angebot, Nachfrage und Gesamtumsatz machen?

Preis-Mengen-Diagramm

(Achse y: Kurs von 598 € bis 610 €; Achse x: Anzahl Nachfrager/Anbieter von 0 bis 45)

e) Zeichnen Sie einen möglichen Angebotsüberhang in das Diagramm ein, der sich bei einem Kurs von 607,00 € ergeben würde.

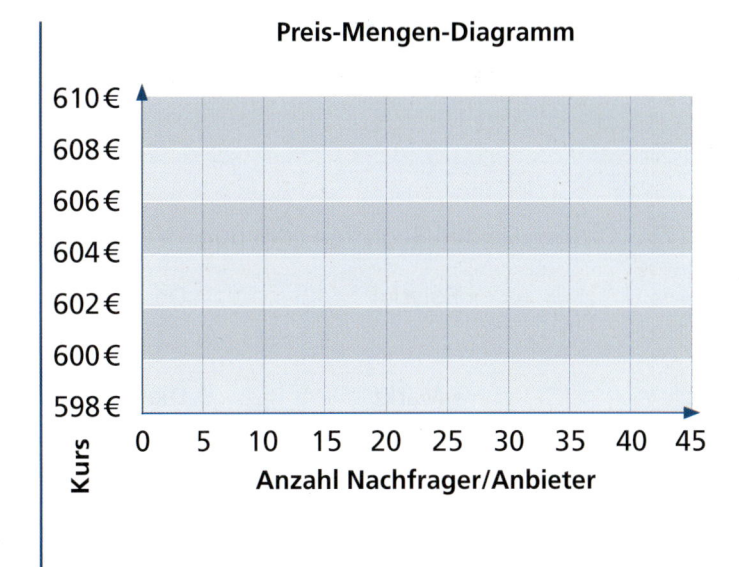

f) Entsprechend auch einen Nachfrageüberhang, der sich bei einem Kurs von 601,00 € ergeben würde.

(Fortsetzung der Aufgabe auf S. 88)

g) Erklären Sie mithilfe des Nachfrage- bzw. Angebotsüberhangs, warum sich in diesem Modell immer automatisch der Gleichgewichtspreis einstellen wird.

....

....

....

....

....

6 Die Preisbildung auf dem vollkommenen Markt geht davon aus, dass die Käufer (Nachfrager) keine besonderen Präferenzen (Vorlieben) haben. Beim täglichen Einkauf sieht das aber meist anders aus. Geben Sie zu jeder Präferenz ein Beispiel aus Ihrem persönlichen Erfahrungsbereich an.

Präferenz	Beispiel
sachlich	
persönlich	
räumlich	
zeitlich	

7 Ordnen Sie den Begriffen links durch Verbindungslinien die richtige Beschreibung zu.

- Polypol   Der Preis, bei dem sich Angebots- und Nachfragekurve schneiden.

- Markt   Die nachgefragte Menge ist niedriger als die angebotene Menge eines Gutes.

- Gleichgewichtspreis   Auf dem Markt befinden sich viele Anbieter und viele Nachfrager.

- Monopolist   Der Ort, an dem Angebot und Nachfrage zusammentreffen.

- Angebotsüberschuss   Verhalten der privaten Nachfrager im Marktgeschehen

- Nutzenmaximierung   Dieser Anbieter kann einen höheren Preis erzielen, als bei vollständiger Konkurrenz möglich wäre.

7 Soziale Marktwirtschaft

Wettbewerbsstörungen

Name: Datum:

1 Nach § 1 des Kartellgesetzes (Gesetz gegen Wettbewerbsbeschränkungen, GWB) sind Kartelle grundsätzlich verboten. Allerdings gibt es Ausnahmen von diesem Verbot (Legalausnahmen/Freistellungstatbestände).

a) Was versteht man unter der Legalausnahme und wie ist sichergestellt, dass damit kein Missbrauch getrieben wird?

....

....

....

b) Stellen Sie bei den folgenden Kartellen fest, um welche Art von Kartell es sich jeweils handelt, und ob es grundsätzlich verboten (V) ist oder ggf. unter die Legalausnahme (L) fällt.
Geben Sie außerdem den jeweiligen Paragrafen des GWB-Gesetzes an (§§ 1–3, 30).

Beispiel	Bezeichnung	V/L	GWB §
Fünf Fahrradproduzenten vereinbaren einheitliche technische Standards und reduzieren aufgrund der Vorteile die Preise.			
Firmen für Fitnessgeräte teilen sich die Bundesrepublik in Absatzgebiete auf.			
Zeitungsverlage schreiben den Händlern feste Endpreise vor.			
Zementhersteller vereinbaren, die eingehenden Aufträge nach einem internen Schlüssel auf die Firmen aufzuteilen.			
Städtische Heizungsbaufirmen arbeiten zusammen, um sich gegen einen überregionalen Großanbieter behaupten zu können.			
Firmen der Elektrobranche vereinbaren einheitliche Rabatt- und Skontobedingungen für ihre Kunden.			
Straßenbaufirmen vereinbaren, gegenüber einer Stadt abgesprochene Angebote abzugeben.			

c) Nach § 2 GWB sind „abgestimmte Verhaltensweisen" Vereinbarungen zwischen Unternehmen gleichgestellt. Was ist damit gemeint?

....

....

....

....

2 Der Zusammenschluss von Unternehmen (Konzernbildung) kann auf unterschiedlichen Wirtschaftsebenen erfolgen. Geben Sie eine Beschreibung, jeweils ein Beispiel und nennen Sie mögliche Vorteile:

	Zusammenschluss		
	vertikal	horizontal	gemischt/diagonal
Beschreibung			
Beispiel			
Vorteile			

3 Das nebenstehende Schaubild zeigt, wie groß die Konzentration der Unternehmen in den einzelnen Branchen in der Bundesrepublik ist.

a) Welche Nachteile können sich bei starker Konzentration in einem Wirtschaftszweig für die Kunden ergeben?

Beherrschte Märkte
Anteil der jeweils 10 größten deutschen Unternehmen am Umsatz ihrer Branche in % (in ausgewählten Wirtschaftszweigen)

- Kohlenbergbau 100 %
- Mineralölverarbeitung 95 %
- Herstellung von Kraftwagen, -teilen 78 %
- Energieversorgung 58 %
- Herstellung chemischer Erzeugnisse 45 %
- Maschinenbau 19 %
- Herstellung von Nahrungs- und Futtermitteln 15 %
- Herstellung von Metallerzeugnissen 5 %

Quelle: Monopolkommission

b) Obwohl das Kartellamt Fusionen in Fällen von übermäßiger Marktmacht verbieten kann, unterbleibt dies oft genug. Haben Fusionen auch Vorteile?

7 Soziale Marktwirtschaft

Bedeutung des Staates in der sozialen Marktwirtschaft

Name: Datum:

Die soziale Marktwirtschaft ist verfassungsrechtlich nicht vorgeschrieben, aber der Gesetzgeber ist an die Grundrechte, das Sozial- und Rechtsstaatsgebot gebunden, d. h. die soziale Marktwirtschaft entspricht am ehesten freiheitlichen und demokratischen Prinzipien.

Vervollständigen Sie in der folgenden Mindmap die Angaben zu den einzelnen Zweigen und Ästen (es fehlen die Benennung des Grundrechts, der zugehörige Artikel aus dem Grundgesetz oder die jeweiligen Inhalte, die das Grundrecht umfasst).

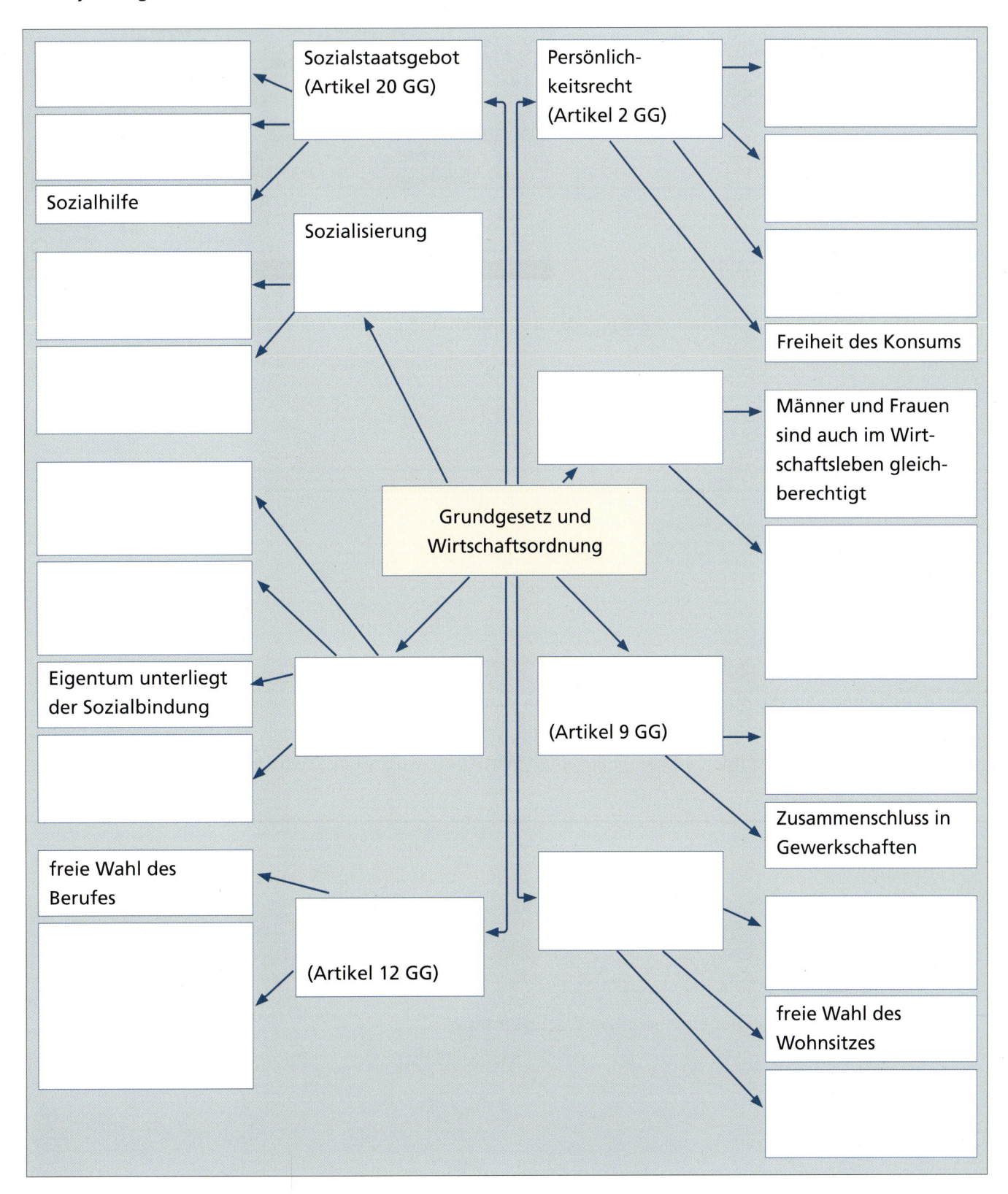

Mindmap: Grundgesetz und Wirtschaftsordnung

Zweige:
- Sozialstaatsgebot (Artikel 20 GG) → _____, _____, Sozialhilfe
- Sozialisierung → _____
- Persönlichkeitsrecht (Artikel 2 GG) → _____, _____, Freiheit des Konsums
- _____ → Männer und Frauen sind auch im Wirtschaftsleben gleichberechtigt, _____
- _____ → Eigentum unterliegt der Sozialbindung, _____
- (Artikel 9 GG) → Zusammenschluss in Gewerkschaften, _____
- (Artikel 12 GG) → freie Wahl des Berufes, _____, freie Wahl des Wohnsitzes, _____

7 Soziale Marktwirtschaft

Die Leistung unserer Wirtschaft (1)

1 a) Was versteht man unter dem BIP?

Die Leistung unserer Wirtschaft

Bruttoinlandsprodukt (BIP) in Milliarden Euro (nominal)

2003	2004	2005	2006	2007	2008	2009	2010	2011	2012	2013
2 148 Mrd. €	2 196	2 224	2 314	2 429	2 474	2 374	2 495	2 610	2 666	2 736

Veränderung in Prozent

nominal / real: 0,7 / -0,4 | 2,2 / 1,2 | 1,3 / 0,7 | 4,0 / 3,7 | 5,0 / 3,3 | 1,9 / 1,1 | -4,0 / -5,1 | 5,1 / 4,0 | 4,6 / 3,3 | 2,2 / 0,7 | 2,6 / 0,4

Aufteilung 2013 in Prozent

Dort erarbeitet:		Dafür verwendet:		So verteilt:	
69,0 %	Dienstleistungsbereiche	57,5	Privater Konsum*	67,1	Löhne und Gehälter
25,5	Produzierendes Gewerbe	19,5	Staatsausgaben		
4,7	Baugewerbe	16,9	Bruttoinvestitionen	32,9	Gewinne und Vermögenserträge
0,8	Land- u. Forstwirtschaft	6,1	Außenbeitrag		

Quelle: Stat. Bundesamt *einschließlich Organisationen © Globus 6170

b) Wodurch unterscheiden sich die nominale und die reale Veränderung des BIP?

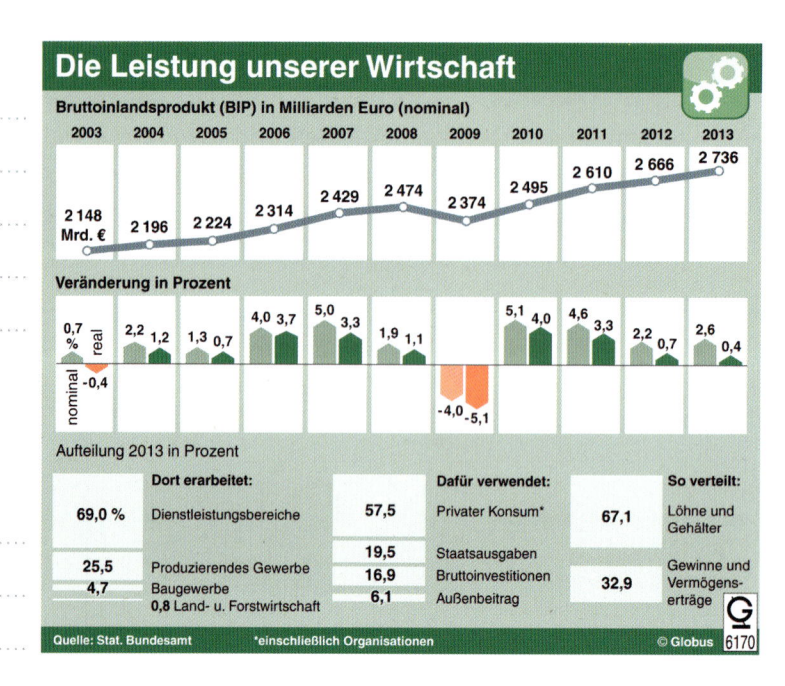

c) Wie hoch war die Wachstumsrate p_{nom} des nominalen und p_{real} des realen BIP von 2003 bis 2013 insgesamt?

d) Berechnen Sie die durchschnittliche jährliche Wachstumsrate „d" des nominalen und des realen BIP nach der Formel $d = (\sqrt[10]{(p + 100)/100} - 1) \cdot 100$. Vergleichen Sie Ihr Ergebnis mit dem wirtschaftspolitischen Ziel eines stetigen und angemessenen Wirtschaftswachstums (siehe Lehrbuch S. 245).

e) Welche Bedeutung hat eine negative Wachstumsrate?

7 Soziale Marktwirtschaft

Die Leistung unserer Wirtschaft (2)

Name: Datum:

2 Das BIP der Bundesrepublik Deutschland betrug im Jahr 2013 2.736.000.000.000 € = 2.736 Milliarden Euro und kann nach folgenden drei Verfahren berechnet werden:

Entstehung (wo erarbeitet?)		Verwendung (wofür verwendet?)		Verteilung (wie verteilt?)	
Dienstleistungen		privater Konsum		Löhne/Gehälter (51,8 %)	
produzierendes Gewerbe		Staatsausgaben		Gewinne und Vermögenserträge (25,4 %)	
Baugewerbe		Bruttoinvestitionen		Abschreibungen (15,0 %)	
Land- und Forstwirtschaft		Außenbeitrag		ind. Steuern (7,8 %)	
BIP	2.736 Mrd. €	**BIP**	2.736 Mrd. €	**BIP**	2.736 Mrd. €

(geringfügige Abweichungen in den Berechnungen rundungsbedingt)

a) Berechnen Sie die Anteile der einzelnen Wirtschaftsbereiche in Mrd. Euro anhand der Prozentangaben aus der Grafik auf der vorherigen Seite.
(Beachten Sie dabei, dass in der Grafik aus Vereinfachungsgründen die Abschreibungen und die indirekten Steuern weggelassen wurden und sich dadurch die Prozentsätze bei der Verteilungsrechnung verändern.)

b) Welche Beziehung können Sie zwischen den Wirtschaftssektoren, in denen das BIP erarbeitet wird, und der Grafik „Erwerbstätige nach Wirtschaftssektoren" im Lehrbuch auf S. 235 herstellen?

....
....
....
....

c) Welche Wirtschaftsleistungen gehen nicht in die Berechnung des BIP ein und welche werden berücksichtigt, obwohl sie den Wohlstand eines Landes eher schmälern?

im BIP nicht berücksichtigt	im BIP berücksichtigt

7 Soziale Marktwirtschaft

Wirtschaftspolitik und Konjunktur (1)

1 Das Stabilitätsgesetz von 1967 trägt der Bundesregierung auf, bei ihrer Wirtschafts- und Finanzpolitik die Ziele dieses Gesetzes anzustreben.

a) Benennen Sie in dem folgenden Schaubild die im Gesetz genannten ersten vier Ziele und tragen Sie ein, unter welchen Bedingungen diese Ziele als erreicht gelten können.

b) Benennen Sie ebenso die Ziele 5 und 6, die sich in der wirtschaftlichen und politischen Diskussion herausgebildet haben.

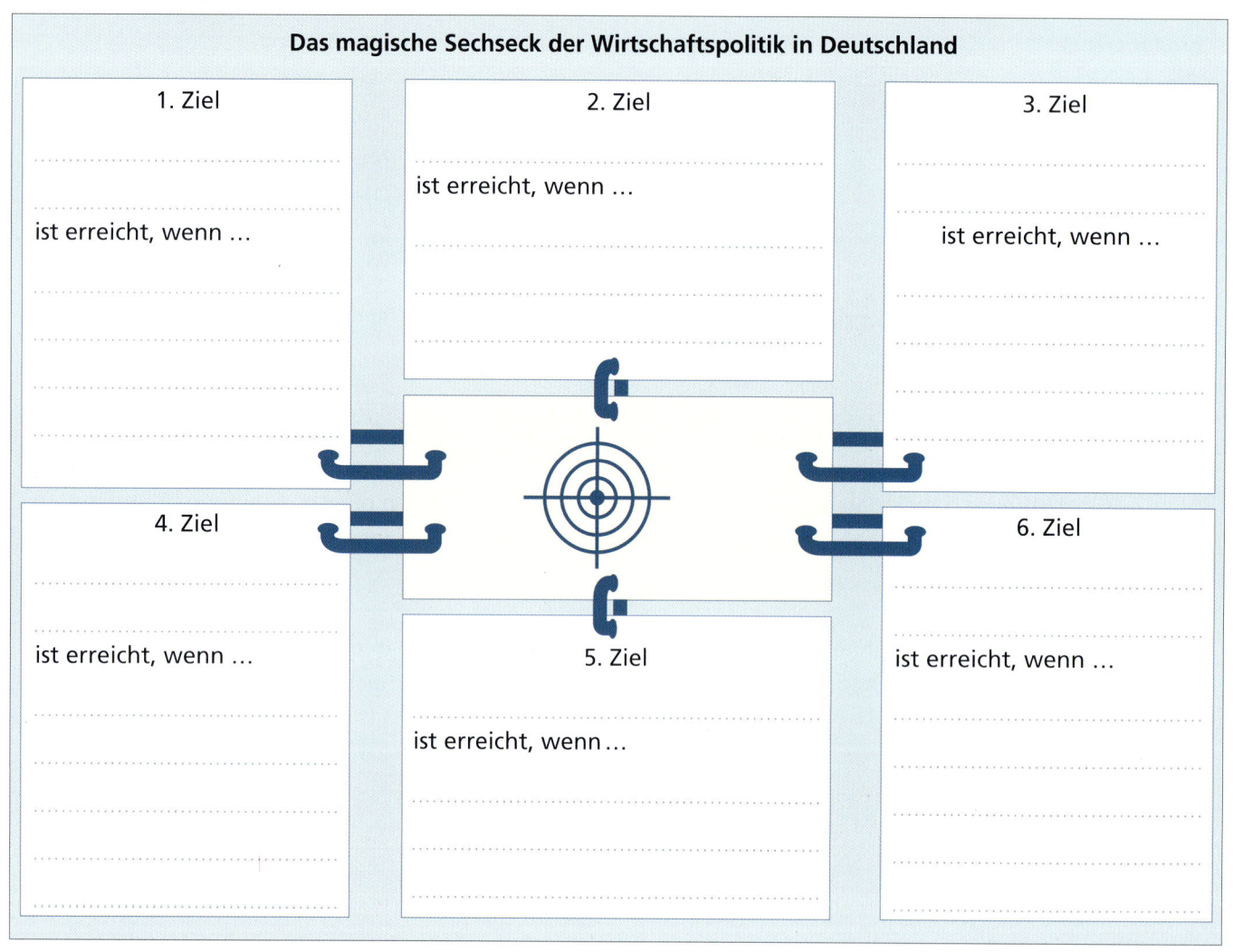

Das magische Sechseck der Wirtschaftspolitik in Deutschland

1. Ziel	2. Ziel	3. Ziel
ist erreicht, wenn …	ist erreicht, wenn …	ist erreicht, wenn …
4. Ziel	5. Ziel	6. Ziel
ist erreicht, wenn …	ist erreicht, wenn …	ist erreicht, wenn …

c) Nennen Sie Gründe, warum die genannten vier Ziele um die zwei weiteren Ziele ergänzt worden sind. Gibt es aus Ihrer Sicht noch fehlende Ziele?

7 Soziale Marktwirtschaft
Wirtschaftspolitik und Konjunktur (2)

Name: Datum:

d) Beurteilen Sie, wie gut oder schlecht die Ziele des Stabilitätsgesetzes derzeit in der Bundesrepublik erreicht werden.

....
....
....
....

2 Stellen Sie anhand zweier Beispiele dar, welche Zielkonflikte sich zwischen einzelnen Zielen des magischen Sechsecks ergeben können.

a) ....
....
....

b) ....
....
....

3 Wodurch werden die folgenden Arten der Arbeitslosigkeit verursacht?

- konjunkturelle Arbeitslosigkeit: → entsteht durch: ....
- strukturelle Arbeitslosigkeit: → entsteht durch: ....
- saisonale Arbeitslosigkeit: → entsteht durch: ....
- Fluktuationsarbeitslosigkeit: → entsteht durch: ....

4 Laut Armutsbericht der Bundesregierung hat sich die Einkommenssituation der ärmeren Bevölkerungsteile verschlechtert. Welche Maßnahmen könnten ergriffen werden, um eine „gerechtere Einkommensverteilung" zu erzielen? Nennen Sie Beispiele.

....
....
....
....
....

5 a) Beschriften Sie in folgender Zeichnung die Achsen, zeichnen Sie einen idealtypischen Konjunkturzyklus ein und benennen Sie die einzelnen Konjunkturphasen.

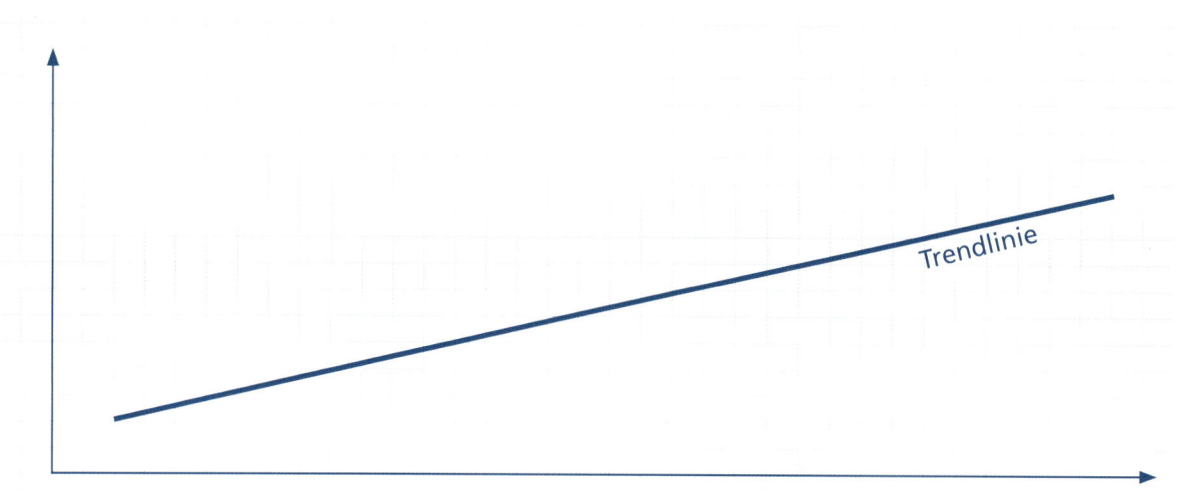

b) Beschreiben Sie stichwortartig, wie sich die einzelnen Merkmale des Marktes in den jeweiligen Konjunkturphasen verhalten.

	Aufschwung (Expansion)	Hochkonjunktur (Boom)	Abschwung (Rezession)	Konjunkturtief (Depression)
Nachfrage				
Kapazitätsauslastung				
Arbeitslosigkeit				
Inflationsrate				
Gewinnentwicklung				

6 Geben Sie bei den folgenden Aussagen an, ob es sich um eine Maßnahme handelt, die Konjunktur/Wirtschaft anzukurbeln (a) oder sie zu bremsen (b):

Maßnahme	a/b
Staat gewährt eine „Abwrackprämie" bei Kauf eines neuen Autos	
Abschreibungsmöglichkeiten der Unternehmen werden eingeschränkt	
Staat gewährt Subventionen für bestimmte Unternehmensinvestitionen	
EZB erhöht die Zinsen für Kredite	
Mehrwertsteuer wird um 2 Prozentpunkte gesenkt	
Gewerkschaften halten sich mit Lohnforderungen zurück	
Staat verschiebt den weiteren Ausbau von Autobahnen	
Staat erlaubt Sonderabschreibungen beim Energieausbau	
(gesetzliche) Lohnnebenkosten sollen gesenkt werden	
Verschuldung des Staates wird abgebaut	

7 Soziale Marktwirtschaft

Wirtschaftspolitik und Konjunktur (3)

Vernetzungsdiagramm zum gesamtwirtschaftlichen Gleichgewicht

Ein gesamtwirtschaftliches Gleichgewicht nach dem Stabilitätsgesetz (Preisniveaustabilität, hoher Beschäftigungsstand, angemessenes Wirtschaftswachstum, außenwirtschaftliches Gleichgewicht) kann nur erreicht werden, wenn die Einflussfaktoren sowie ihre Wirkungsrichtung (positive oder negative Auswirkung) bekannt sind.

a) Verbinden Sie in der folgenden Übersicht die Elemente, die sich beeinflussen, mit einem Pfeil (in Richtung der Einwirkung; ggf. mit einem Doppelpfeil). Versehen Sie diese Pfeile mit einem Pluszeichen bei gleichgerichteter Wirkung (je mehr – desto mehr) und mit einem Minuszeichen bei entgegengesetzter Wirkung (je mehr – desto weniger oder umgekehrt).

b) Diskutieren Sie Ihre Ergebnisse in der Klasse. Begründen Sie jeweils die von Ihnen behaupteten Wirkungen.

Beispiel:
Um die gesamtwirtschaftliche Nachfrage zu erhöhen, kann der Staat seine Nachfrage erhöhen (z. B. Ausgaben für öffentliche Aufgaben), die finanziellen Mittel dazu kann er sich durch Steuererhöhungen besorgen, dies hat aber negative Auswirkungen auf das Preisniveau, den Konsum, die Investitionen usw.

Elemente:
- Einkommensverteilung
- Staatsverschuldung
- Staatsnachfrage
- wirtschaftl. Erwartungen
- privater Konsum
- Steuern
- Umweltbelastung
- Preisniveau
- wirtschaftliches Gleichgewicht
- Wirtschaftswachstum
- Subventionen
- Lohnniveau
- Beschäftigung
- Investitionen
- Zinsniveau
- Geldpolitik der EZB
- Außenhandelssaldo

8 a) Legen Sie dar, inwiefern die Kosten des sozialen Sicherungssystems den finanzierbaren Rahmen sprengen.

Sozialbereich	Stellungnahme
Gesundheitswesen	
Alterssicherung	
Sozialleistungen	

b) Für die Reform des sozialen Sicherungssystems gibt es erste Ansätze. Erklären Sie, was mit den folgenden Vorschlägen gemeint ist:

Lösungsansatz	Erklärung
Stärkung der Eigenverantwortlichkeit des Einzelnen	
Stärkung des Versicherungsprinzips	
Zulassung marktwirtschaftlicher Steuerungselemente	
Begrenzung der Sozialversicherung auf Grundrisiken	

7 Soziale Marktwirtschaft
EU (1)

1 Vor fast 60 Jahren wurden die Römischen Verträge unterzeichnet, die die Europäische Wirtschaftsgemeinschaft und den Binnenmarkt begründeten. Güter, Dienstleistungen und das Kapital können seitdem frei innerhalb der Gemeinschaft bewegt werden und die Europäer können in den Partnerländern ihrer Wahl leben und arbeiten.

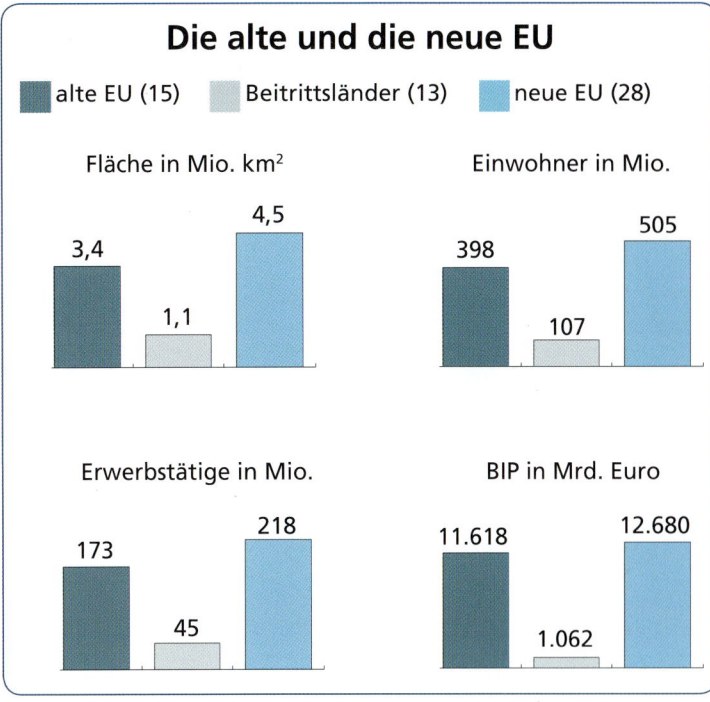

Die alte und die neue EU

- alte EU (15)
- Beitrittsländer (13)
- neue EU (28)

Fläche in Mio. km²: 3,4 | 1,1 | 4,5

Einwohner in Mio.: 398 | 107 | 505

Erwerbstätige in Mio.: 173 | 45 | 218

BIP in Mrd. Euro: 11.618 | 1.062 | 12.680

a) Welche Beitrittsländer sind seit 2004 zur „alten" Europäischen Union dazugekommen?

b) Berechnen Sie mithilfe der Angaben aus obiger Grafik die prozentuale Veränderung (aktuell gegenüber 2004):

• der Fläche	
• der Einwohnerzahl	
• der Anzahl der Erwerbstätigen	
• des Bruttoinlandsprodukts BIP	

c) Interpretieren Sie die berechneten Zahlen.

2 Ein Ziel der EU für den gemeinsamen Binnenmarkt ist die Beseitigung von Hindernissen, die dem freien Personen- und Güterverkehr im Wege stehen.
Nennen Sie jeweils drei Beispiele für die vier Grundfreiheiten des europäischen Binnenmarkts.

Personenfreizügigkeit	freier Warenverkehr
Arbeits- und Dienstleistungsfreiheit	freier Kapital- und Zahlungsverkehr

3 Füllen Sie mit den unten stehenden Begriffen den Lückentext zu den Institutionen der Europäischen Union (EU) aus:

Der **Ministerrat** ist das .... der EU. Er kommt an .... zusammen und setzt sich je nach behandelter Thematik aus den zuständigen .... zusammen. Die Mitgliedsländer verfügen im Ministerrat je nach ihrer Größe über ....

Die **Kommission** ist das .... der EU. Sie besteht aus .... (aus jedem Land 1 Kommissar) und hat ihren Sitz in .... Die Kommission ist für die .... und die Anwendung der .... verantwortlich. Sie hat aber auch ein weitgehendes .... , mit dem sie die .... vorantreiben kann.

Das **Europäische Parlament** mit Sitz des Plenums in .... ist das .... der Gemeinschaft. Die seit 2014 regulär .... des Parlaments werden in den einzelnen EU-Ländern .... gewählt. Seit dem Inkrafttreten des Vertrags von .... kann das Europäische Parlament, das bis dahin nur mit .... ausgestattet war, in vielen Bereichen der europäischen Politik .... und ....

> gesetzgebende Organ – Straßburg – ausführende Organ – begrenzten Rechten – Brüssel – wechselnden Tagungsorten – mitentscheiden – direkt – Fachministern – 3 bis 29 Stimmen – mitgestalten – Kontrollorgan – 28 Mitgliedern – Entwicklung der Union – EU-Vertragsbestimmungen – Maastricht – Vorschlags- und Initiativrecht – Durchführung der Ratsbeschlüsse – 751 Mitglieder

Soziale Marktwirtschaft

7 — EU (2)

4 Die bisherigen Preis- und Absatzgarantien für die Landwirte werden durch die Gemeinsame Agrarpolitik (GAP) nach und nach aufgegeben (Agenda 2000).

a) Welche Folgen haben hohe Preise in der EU, die weit über dem Weltmarktniveau liegen?

Agrar-Subventionen

So viel Prozent der Bruttoeinkünfte der Landwirte stammten im Jahr 2012 aus staatlicher Unterstützung:

- Norwegen: 63,1 %
- Schweiz: 56,6
- Japan: 55,9
- Südkorea: 53,8
- Island: 47,3
- Türkei: 22,4
- Indonesien: 20,9
- EU: 19,0
- China: 16,8
- Kasachstan: 14,6
- Kanada: 14,3
- Russland: 13,5
- Mexiko: 12,3
- Israel: 11,4
- USA: 7,1
- Brasilien: 4,6
- Chile: 3,3
- Südafrika: 3,2
- Australien: 2,7
- Ukraine: 1,3
- Neuseeland: 0,8

Quelle: OECD — Schätzungen — © Globus 5948

b) Erklären Sie, wieso es durch Preisstützung durch den Staat zur Überproduktion (Butterberg, Weinsee usw.) kommt.

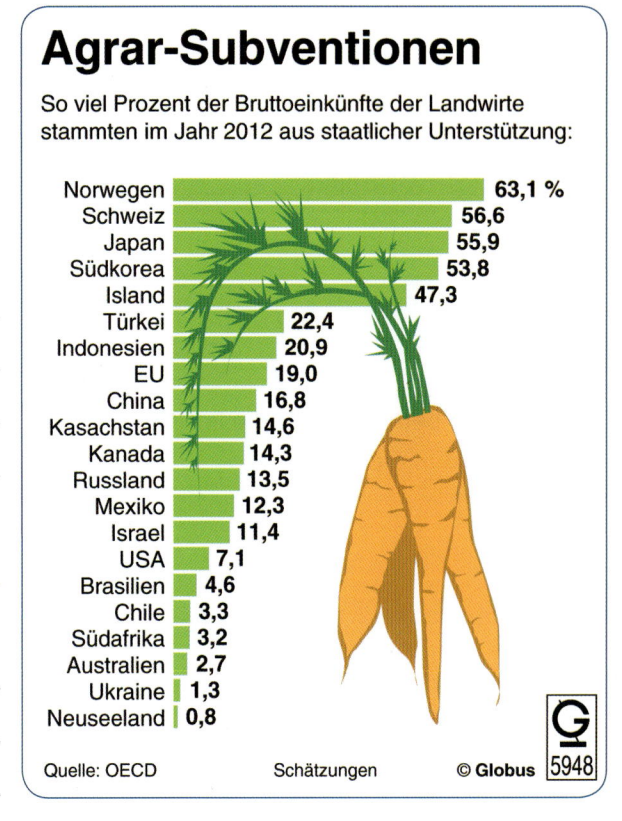

c) Warum hat der Staat überhaupt ein Interesse an Einkommensunterstützung (sei es über Preise oder über staatliche Zuschüsse) für die Landwirte?

d) Welches Interesse haben die Nicht-EU-Staaten an einem Abbau der Preissubventionen?

e) Mit der Weiterentwicklung der GAP sind die Unterstützungszahlungen der EU an die Landwirte von der Erzeugung entkoppelt worden. Stattdessen werden die Zahlungen an die Landwirte als Direktbeihilfen geleistet. Welche Vorteile hat diese Regelung?

5 In der folgenden Tabelle ist das BIP pro Kopf der Bevölkerung für 15 der 28 EU-Länder in alphabetischer Reihenfolge angegeben:

a) Berechnen Sie den Index für das BIP/Kopf (EU-Durchschnitt gleich 100).

b) Tragen Sie die Rangfolge in die Tabelle ein und stellen Sie fest, welche Länder die drei „reichsten" und welche die drei „ärmsten" dieser Liste sind.

c) Wie beurteilen Sie die Position von Deutschland in dieser Liste?

Land	BIP/Kopf	Index	Rang
Bulgarien	10.178		
Dänemark	31.400		
Deutschland	30.300		
Finnland	28.900		
Frankreich	27.000		
Griechenland	20.100		
Großbritannien	27.400		
Italien	25.300		
Luxemburg	68.400		
Niederlande	32.900		
Polen	16.258		
Schweden	31.800		
Spanien	24.700		
Tschechien	20.200		
Ungarn	16.400		
EU ø	27.416	100,0	

d) Wie lässt sich erklären, dass die Länder am unteren Ende der Rangliste die höchsten Zuwachsraten beim BIP/Kopf haben?

6 Unter Globalisierung versteht man die ökonomische, politische und kulturelle Überwindung von (Staats-)Grenzen. In wirtschaftlicher Hinsicht ist damit eine enorme Zunahme des grenzüberschreitenden Handels, der Direktinvestitionen im Ausland, der Internationalisierung der Finanzmärkte und der Produktion verbunden. Tragen Sie in die folgende Tabelle positive und negative Aspekte der Globalisierung ein.

positive Aspekte	negative Aspekte

7 Soziale Marktwirtschaft

Finanzierung der staatlichen Aufgaben (1)

Name: Datum:

1 Mit den Einnahmen aus Steuern finanzieren Bund, Länder und Gemeinden die vielfältigsten öffentlichen Aufgaben. Nennen Sie für jede Gebietskörperschaft mindestens drei wichtige Aufgaben.

Bund	Länder	Gemeinden

2 In der Kfz-Werkstatt Auto-Mobil von Herrn Kowalsky in 09117 Chemnitz, Plauener Str. 9, arbeiten der Kfz-Meister Kurt Kassel, mehrere Gesellen und der Auszubildende Jan Schmidt.

Auszubildender Jan Schmidt: 20 Jahre alt, ledig und keine Kinder, keine Religionszugehörigkeit, Ausbildungsvergütung 850,00 €	Kfz-Meister Kurt Kassel: verheiratet, zwei Kinder, evangelisch, Bruttogehalt 3.835,00 €. Frau Kassel arbeitet halbtags.

a) Welche Daten benötigt Herr Kowalsky von seinen Mitarbeitern, um ihr Nettoeinkommen berechnen zu können und die Steuern korrekt abzuführen?

b) Wie müssen die Mitarbeiter diese Daten nachweisen?

c) In welche Steuerklassen werden die Mitarbeiter Jan Schmidt und Kurt Kassel jeweils eingeteilt und welche Bedeutung hat die Steuerklasse bei der Berechnung des Nettolohns?

3 Kurt Kassel stellt für das Vorjahr seine Werbungskosten für die Einkommensteuererklärung zusammen:
- Fahrt zur Arbeit an 220 Tagen im Jahr mit dem eigenen PKW (C–XY 99), einfache Fahrtstrecke 22 km. Berücksichtigungsfähig sind 0,30 € pro km einfache Entfernung.
- 5 Arbeitstage pro Woche, 28 Urlaubstage
- monatlicher Gewerkschaftsbeitrag   18,00 €
- Arbeitskleidung & Waschen der Kleidung   198,00 €
- Fachliteratur und Fachzeitschriften   208,00 €
- Gebühren für zwei Kurse „Auto-Elektronik"   588,00 €
- Kursunterlagen und Fahrtkosten zur Fortbildung   72,00 €
- Kontoführungsgebühr (pauschal)   16,00 €

a) Was versteht man im Steuerrecht unter „Werbungskosten"?

....

....

b) Füllen Sie gemäß der obigen Angaben den unten stehenden Teilausschnitt des Steuerformulars (Anlage N) aus und berechnen Sie die gesamten Werbungskosten.

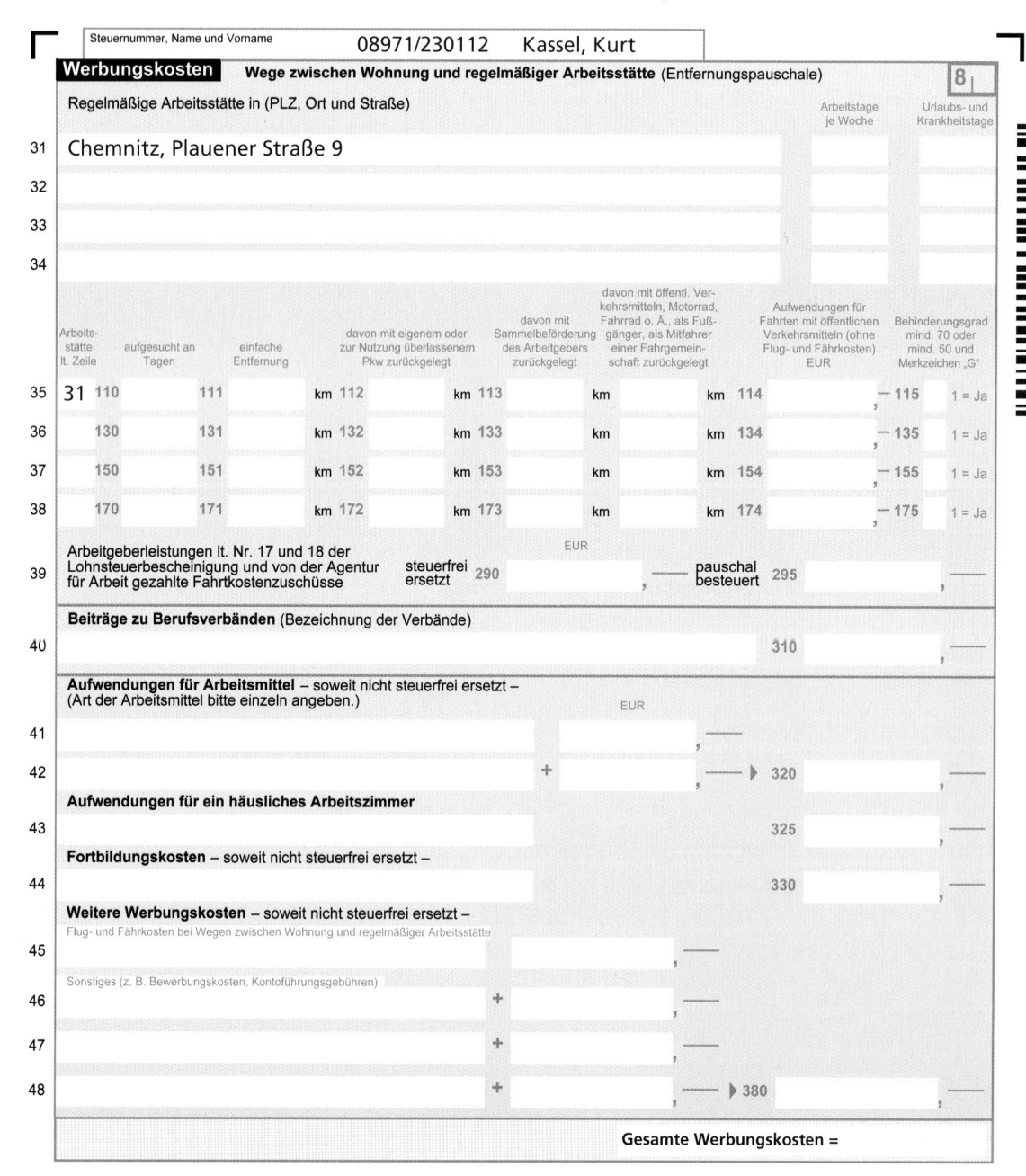

Anlage N – Werbungskosten

Steuernummer, Name und Vorname: 08971/230112 Kassel, Kurt

Wege zwischen Wohnung und regelmäßiger Arbeitsstätte (Entfernungspauschale)

Regelmäßige Arbeitsstätte in (PLZ, Ort und Straße):
- 31: Chemnitz, Plauener Straße 9 — Arbeitstage je Woche: 5 — Urlaubs- und Krankheitstage: 28

Arbeitsstätte lt. Zeile	aufgesucht an Tagen	einfache Entfernung	davon mit eigenem oder zur Nutzung überlassenem Pkw zurückgelegt	davon mit Sammelbeförderung des Arbeitgebers zurückgelegt	davon mit öffentl. Verkehrsmitteln, Motorrad, Fahrrad o. Ä., als Fußgänger, als Mitfahrer einer Fahrgemeinschaft zurückgelegt	Aufwendungen für Fahrten mit öffentlichen Verkehrsmitteln (ohne Flug- und Fährkosten) EUR	Behinderungsgrad mind. 70 oder mind. 50 und Merkzeichen „G"
31	220	22 km	22 km	km	km	—	—
		km	km	km	km	—	—
		km	km	km	km	—	—
		km	km	km	km	—	—

Arbeitgeberleistungen lt. Nr. 17 und 18 der Lohnsteuerbescheinigung und von der Agentur für Arbeit gezahlte Fahrtkostenzuschüsse: steuerfrei ersetzt 290 ___ , pauschal besteuert 295 ___

Beiträge zu Berufsverbänden (Bezeichnung der Verbände)
- 40: Gewerkschaft   310   216,—

Aufwendungen für Arbeitsmittel – soweit nicht steuerfrei ersetzt – (Art der Arbeitsmittel bitte einzeln angeben.)   EUR
- 41: Arbeitskleidung & Waschen   198,—
- 42: Fachliteratur und Fachzeitschriften   + 208,—   ▶ 320   406,—

Aufwendungen für ein häusliches Arbeitszimmer
- 43:   325   —

Fortbildungskosten – soweit nicht steuerfrei ersetzt –
- 44: Kurse „Auto-Elektronik" + Kursunterlagen/Fahrtkosten   330   660,—

Weitere Werbungskosten – soweit nicht steuerfrei ersetzt –
Flug- und Fährkosten bei Wegen zwischen Wohnung und regelmäßiger Arbeitsstätte
- 45: ___ , ___
Sonstiges (z. B. Bewerbungskosten, Kontoführungsgebühren)
- 46: Kontoführungsgebühr   + 16,—
- 47: + ___
- 48: + ___   ▶ 380   16,—

Gesamte Werbungskosten = 2 750,—

Berechnung Fahrtkosten: 220 Tage × 22 km × 0,30 € = 1 452,—

7 Soziale Marktwirtschaft

Finanzierung der staatlichen Aufgaben (2)

4 Für die Einkommensteuererklärung der Familie Kassel liegen außer den bereits genannten Angaben folgende Daten vor:
- Frau Kassel hatte ein Jahreseinkommen in Höhe von 15.030,00 €, Herr Kassel erhielt Urlaubs- und Weihnachtsgeld in Höhe von 3.900,00 €.
- Die Werbungskosten von Herrn Kassel liegen über dem Pauschbetrag und wurden in der vorherigen Aufgabe berechnet. Frau Kassel macht den Werbungskosten-Pauschbetrag geltend.
- Herr Kassel hatte Zinseinkommen aus festverzinslichen Wertpapieren in Höhe von 511,00 € und Frau Kassel aus einem Bausparvertrag in Höhe von 295,00 €.
- Die Vorsorgeaufwendungen (gesetzliche RV, KV und PV) betrugen 9.042,00 €.
- Die Familie spendete für „Brot für die Welt" insgesamt 250,00 € (das sind Sonderausgaben).

a) Prüfen Sie mithilfe des Ablaufplans im Lehrbuch auf S. 266, ob die Familie Kassel eine ESt-Erklärung abgeben muss oder freiwillig abgeben kann.

b) Berechnen Sie mithilfe des (vereinfachten) Steuerschemas den Erstattungs- oder Nachzahlungsbetrag der Familie Kassel, wenn im letzten Jahr Abgaben (Steuern und Soli) in Höhe von 9.730,00 € einbehalten wurden. Die Einkommensteuer kann mit einem Online-Lohnsteuerrechner ermittelt werden.

Einkommensteuererklärung			
Einkünfte/Abzüge	Ehemann	Ehefrau	Zusammen
+ Bruttoarbeitslohn			
– Werbungskosten			
= Einkommen aus nichtselbstständiger Arbeit			
+ Zinseinkommen			
– Sparer-Pauschbetrag			
= Einkünfte aus Kapitalvermögen (nicht negativ!)			
= Gesamtbetrag der Einkünfte			
– Vorsorgeaufwendungen			
– Sonderausgaben			
– außergewöhnliche Belastung			
= zu versteuerndes Einkommen (zvE)			
→ Einkommensteuer			
+ Solidaritätszuschlag			
– bereits gezahlte Steuer			
= Nachzahlung (+)/Erstattung (–)			

5 Erläutern Sie, wie der Einkommensteuertarif aufgebaut ist. (Vgl. dazu die Grafik zum Steuertarif im Lehrbuch auf S. 265)

6 a) Warum muss der Auszubildende Jan Schmidt (siehe S. 103, Aufgabe 2) keine Steuern zahlen, obwohl seine Ausbildungsvergütung mit 850,00 € über dem Grundfreibetrag liegt? Unterscheiden Sie zwischen dem Bruttoentgelt und dem zu versteuernden Einkommen.

b) Recherchieren Sie im Internet, welche Freibeträge in der Steuerklasse I berücksichtigt werden und finden Sie mithilfe eines Steuerrechners heraus, ab welchem Bruttoeinkommen in der Steuerklasse I Steuern gezahlt werden müssen.

c) Lohnt sich für Jan die freiwillige Abgabe einer Einkommensteuererklärung? Bis wann kann er sich ggf. dafür Zeit lassen?

7 Welche sozialpolitischen Ziele werden verfolgt mit …
a) der Steuerprogression?

b) dem Grundfreibetrag?

8 Auf Kapitalerträge wird die sogenannte Abgeltungssteuer erhoben. Was ist damit genau gemeint?

Simulation einer Unternehmensgründung

8

Gründungshilfen und Standort

Name: Datum:

1 Ein Unternehmen oder ein Handwerksbetrieb entsteht nicht an einem Tag, sondern der Existenzgründer benötigt sehr viel Zeit und Überlegungen, um einen neuen Betrieb zu entwerfen, kritisch zu analysieren und nach der endgültigen Entscheidung dann zu errichten. Der Prozess der Gründung nimmt üblicherweise einen Zeitraum von einem halben bis ca. einem Jahr in Anspruch.

Beispiel:
Marek Müller hat seine Prüfung zum Bäckermeister bestanden und beabsichtigt, sich selbstständig zu machen. Mit dieser eigenen Bäckerei möchte er natürlich Gewinn machen. Was aber bedeutet Gewinn eigentlich?

Gewinn = ...

2 Überlegen Sie, wo Bäcker Müller seinen Betrieb unbedingt anmelden muss:

Wo anmelden?	Was anmelden bzw. beantragen?

3 Welche Stellen geben dem Existenzgründer Müller Informationen über Möglichkeiten zur Finanzierung seines Betriebs?

....
....
....
....
....

4 Nur in Ausnahmefällen verfügt der Gründer über ein eigenes Grundstück mit entsprechendem Gebäude. Leider kann Bäcker Müller nicht auf eine solche Immobilie zurückgreifen. Bei seiner Suche nach einem Standort bedient er sich eines Immobilienmaklers. Dieser nennt ihm nach intensiver Suche drei Geschäftshäuser, in denen die Eröffnung einer Bäckerei möglich wäre:
- in der City: Miete pro Monat € 15.000,–
- in City-Randlage: Miete pro Monat € 5.500,–
- im Vorort: Miete pro Monat € 2.500,–

Neben der Lage und Miete müssen für die Entscheidung zugunsten eines Standortes noch andere Faktoren hinzukommen. Welche sind das?

....

....

5 Es gibt eine Bewertungsmethode, die jedem Unternehmensgründer Hilfestellung bei der Entscheidung gibt: die Entscheidungsmatrix.
- **Gewichtung:** Die Einflussfaktoren werden gewichtet von sehr schwach (= 1) bis sehr stark (= 10).
- **Bewertung:** Die Wichtigkeit der Einflussfaktoren wird vom Unternehmer unterschiedlich bewertet von unwichtig (= 1) bis sehr wichtig (= 10).
- Die **Punkte** errechnen sich aus der Multiplikation von Gewichtung und Bewertung.

Der Standort mit der höchsten Punktzahl ist der empfehlenswerteste Standort nach dieser Methode. Nennen Sie 10 Punkte, die für die Standortwahl einer Bäckerei wichtig sind und gewichten und bewerten Sie nach dieser Methode.

Einflussfaktoren / Standorte	Gewichtung	City		City-Randlage		Vorort	
		Bewertung	Punkte	Bewertung	Punkte	Bewertung	Punkte
Summe der Punkte							
Rangordnung							

Bäcker Müller entscheidet sich für den Standort: ....

6 Woher kann das Geld für Müllers Unternehmensgründung kommen?

- eigenes Geld von:

- fremdes Geld von:

- staatliches Geld aus:

8 Simulation einer Unternehmensgründung

Unternehmensformen (1)

Name: Datum:

1 Bäcker Marek Müller überlegt, welche Unternehmensform er wählen soll. Er will **Einzelunternehmer** werden.
a) Welchen Namen darf er seiner Bäckerei geben?

b) Wie hoch ist das Kapital, das er zur Gründung aufbringen muss?

c) Welche Vor- und Nachteile ergeben sich aus dieser Entscheidung, Einzelunternehmer zu sein?

Vorteile	Nachteile

ERGÄNZENDE INFORMATIONEN: Ca. 65 % aller Unternehmen in der Bundesrepublik Deutschland sind Einzelunternehmen. Diese Unternehmensform findet sich besonders bei kleinen und mittleren Betrieben.

2 Während des Besuchs der Meisterschule haben Marek Müller und sein Kollege Kai Lehmann darüber gesprochen, sich zusammen selbstständig zu machen. Das wäre für beide finanziell einfacher durchzuführen. Sie könnten diesen Schritt ohne große Formalitäten durchführen.
a) Welche Gesellschaftsform bietet sich an?

b) Wie wird die Gesellschaftsform abgekürzt?

c) Welche Firmennamen darf eine **GbR** führen?

(Fortsetzung der Aufgabe auf S. 110)

d) Welche Haftung übernimmt der jeweilige Gesellschafter?

e) Wer führt eine GbR?

f) Welche Vor- und Nachteile ergeben sich aus einer GbR?

Vorteile	Nachteile

g) Ist die GbR eine sinnvolle Unternehmensform im Handwerk?

3 Müller überlegt, ob er mit seiner Frau Marlies eine **Kommanditgesellschaft (KG)** gründen soll. Bei dieser Unternehmensform muss er auf bestimmte Besonderheiten achten.

a) Erklären Sie die Begriffe:
- Komplementär:

- Kommanditist:

b) Welche Rechte und Pflichten hat Marlies Müller als Kommanditistin?

Rechte	Pflichten

8 Simulation einer Unternehmensgründung

Unternehmensformen (2)

Name: Datum:

4 Langfristig plant Müller die Ausweitung seines Geschäfts. In den nächsten fünf Jahren will er zwei weitere Filialen gründen. Alle sollen „Brotladen" heißen und als **Gesellschaft mit beschränkter Haftung (GmbH)** geführt werden.

a) Welche Gründe können vorliegen?

....

....

....

b) Wie hoch ist das Stammkapital einer GmbH?

....

c) Welche Organe umfasst die GmbH und welche Aufgaben haben sie?

Organe	Aufgaben

5 Nach ersten Überlegungen kommt Marek Müller zu dem Ergebnis, dass er das Anfangskapital von 25.000,00 € zunächst nicht aufbringen kann. Er hat aber gehört, dass die **Unternehmergesellschaft (haftungsbeschränkt)** eine Möglichkeit bietet, eine GmbH unter bestimmten Bedingungen auch mit geringerem Stammkapital zu gründen.

Beschreiben Sie diese Rechtsform in der folgenden Tabelle (siehe ggf. § 5a GmbH-Gesetz).

Name (umgangssprachlich)	
offizieller Name	
Stammkapital	
Rücklagenbildung	
Gründung	
Gesellschafteranzahl	

handwerk-technik.de

6 Müller hat 100 Aktien seines Lieblingsvereins. Jährlich bekommt er den Geschäftsbericht zugeschickt.

a) Welche Merkmale kennzeichnen eine **Aktiengesellschaft (AG)**?

....

....

....

....

b) Nach welchen Gründungs- und Kapitalbedingungen muss sich die AG richten?

- Grundkapital: ....

- Anzahl der Gründer: ....

- Vorschrift: ....

....

c) Welche Organe sind bei der AG wichtig, und welche Aufgaben haben sie?

Organe	Aufgaben

d) Welche Rechte haben die Aktionäre?

....

....

e) Welche Möglichkeiten der Gewinnverwendung hat die AG?

....

....

....

8 Simulation einer Unternehmensgründung

Finanzierung

Name: Datum:

1 Bäcker Müller hat sich für die Räumlichkeiten in der City-Randlage entschieden und muss nun den Kapitalbedarfsplan aufstellen. Die Räume sind deshalb besonders geeignet, da der Vorgänger hier ebenfalls eine Bäckerei führte. Aus dieser Bäckerei konnte einiges, wie z. B. der Backofen und verschiedene Maschinen, für 40.000,00 € übernommen werden.

Die Ladeneinrichtung wird völlig neu gestaltet und ist mit 65.000,00 € veranschlagt. Zu diesem Zweck müssen kleinere Umbauten vorgenommen werden, die mit 10.000,00 € zu Buche schlagen werden.

Die notwendigen Büromöbel wie Schreibtisch, Computer u. Ä. sind bereits vorhanden und müssen nur unwesentlich ergänzt werden (2.000,00 €).

Der vorhandene Klein-Lkw wird zu einem Tageswert von 15.000,00 € ins Geschäft genommen.

Zur Anfangsproduktion der Backwaren müssen Rohstoffe im Wert von 8.000,00 € beschafft werden.

Für die sonstige Warenausstattung werden 1.500,00 € eingeplant.

Ausgaben für Anmeldungen, Eintragungen (z. B. in die Handwerksrolle) werden mit 500,00 € vorgesehen.

Am 1. August soll die Bäckerei eröffnet werden. Für Werbeanzeigen und Flugblätter werden 2.000,00 €, für freien Kuchen und Kaffee am Eröffnungstag werden 1.500,00 € eingeplant.

Anlaufverluste hat Herr Müller mit 25.000,00 € vorgesehen, da er damit rechnet, dass es ca. sechs Monate dauern wird, bis er seinen Sollumsatz erreichen wird.

Als Liquiditätsreserve für unerwartete Kosten werden 10 % des Finanzbedarfs angesetzt.

Herr Müller kommt unter Berücksichtigung dieser Bedingungen zu folgendem **Kapitalbedarfsplan**:

1. Investitionen
   - Baumaßnahmen .... € 10.000,00
   - Übernahme vom Vorgänger .... € 40.000,00
   - Ladeneinrichtung .... € 65.000,00
   - Büromöbel .... € 2.000,00
   - Fahrzeug .... € 15.000,00
   - Summe .... € 132.000,00

2. Allgemeine Betriebsmittel
   - Rohstoffe .... € 8.000,00
   - sonstige Warenausstattung .... € 1.500,00
   - Summe .... € 9.500,00
   - Gründungskosten .... € 500,00

3. Markteinführungskosten
   - Eröffnungsveranstaltung .... € 1.500,00
   - Erstwerbung .... € 2.000,00
   - Summe .... € 3.500,00
   - Anlaufverluste .... € 25.000,00

4. Liquiditätsreserve .... € 17.050,00

   Gesamtkapitalbedarf .... € 187.550,00

2 Marek Müller hat selbst nur relativ beschränkte Mittel zur Verfügung. Sein Sparguthaben beträgt 20.000,00 €, die er zusammen mit dem Klein-Lkw als Sacheinlage in das Gründungsunternehmen einbringt. Der Vater von Herrn Müller ist bereit, mit 40.000,00 € auszuhelfen. Trotzdem wäre Herr Müller nicht in der Lage, die Finanzierung seines Vorhabens sicherzustellen, falls ihm nicht öffentliche Existenzgründungsdarlehen gewährt würden. Die Grundvoraussetzungen sind bei ihm hinsichtlich Alter, fachlicher Qualifikation und zeitlicher Voraussetzung gegeben.

Ihm werden nach Beantragung durch die Bank ein Eigenkapitalhilfekredit von 46.000,00 € und ein ERP-Kredit[1] von 28.000,00 € gewährt. Der zusätzliche Kredit der Hausbank beträgt 18.550,00 €. Als Kontokorrentkredit gewährt ihm die Bank noch einmal 20.000,00 €.

Stellen Sie den **Finanzierungsplan** auf.

1. Langfristige Finanzmittel
   a) Eigenkapital
      Barmittel .... € ....
      Sacheinlagen .... € ....
      Summe .... € ....
   b) Fremdkapital
      Eigenkapitalhilfekredit .... € ....
      ERP-Kredit[1] .... € ....
      Bankkredit .... € ....
      Summe .... € ....
2. Kurzfristige Finanzmittel
      Kontokorrentkredit .... € ....
      Privat-Darlehen .... € ....
      Summe .... € ....
   Summe Finanzmittel .... € ....

[1] European Recovery Program = staatliches Förderprogramm

3 Die öffentlichen Kredite sind sämtlich während der ersten Jahre tilgungsfrei. Tilgen, d. h. teilweise rückzahlen, muss Müller nur den Bankkredit. Während der Eigenkapitalhilfekredit innerhalb der ersten drei Jahre auch noch zinsfrei ist, muss für alle weiteren Kredite der jeweils vereinbarte Zins bezahlt werden. Den Betrag, den Müller am Ende des Jahres an Tilgung und Zins bezahlen muss, nennt man Kapitaldienst.

Der Kapitaldienst, den Müller für das 1. Jahr zahlen muss, errechnet sich folgendermaßen:

geplante Fremdmittel	Kreditbetrag in €	Zinsen pro Jahr %	Zinsen pro Jahr €	Tilgung Anzahl der Jahre	Tilgung pro Jahr €
Eigenkapitalhilfe		–		–	
ERP-Kredit		5,0		–	
Bankkredit		7,5		5	
Kontokorrentkredit		12,0		–	
Kapitaldienst im 1. Jahr					

Simulation einer Unternehmensgründung

8

Betriebliche Kosten (1)

Name: Datum:

---

1 Im Rahmen seiner Unternehmensgründung spricht Marek Müller viel mit seinen Freunden Schreinermeister Meninger und Elektromeister Grimm, die bereits seit einiger Zeit selbstständig sind. Hinsichtlich der anfallenden betrieblichen Kosten lässt sich Müller von Meninger und Grimm beraten.
Nennen Sie jeweils einige Kosten(arten) und Leistungen der folgenden Betriebe:

	Kosten	Leistung
a) Friseursalon		
b) Kfz-Werkstatt		
c) Malerbetrieb		
d) Bäckerei		

2 Schreinermeister Meninger hat von einem Baumarkt einen Auftrag über 50 Hobby-Werkbänke erhalten. Er plant, den Auftrag in fünf Monaten fertigzustellen. Dabei rechnet er, dass im ersten Monat sechs Werkbänke erstellt werden können und aufgrund der zunehmenden Erfahrung und Routine in jedem folgenden Monat zwei Stück mehr.
Folgende Daten sind gegeben bzw. hat Herr Meninger errechnet:
- monatliche fixe Kosten für diesen Auftrag .... 2.150,00 €
- variable Kosten je Werkbank .... 220,00 €
- Erlös je Werkbank .... 650,00 €

a) Berechnen Sie die Kosten, den Erlös und den Gewinn je Monat und für den gesamten Auftrag anhand folgender Tabelle (in €):

Stück	fixe Kosten	variable Kosten	Gesamtkosten	Stückkosten	Erlös	Gewinn
6						
8						
10						
12						
14						
50						

b) Nennen Sie Beispiele für die hier anfallenden (monatlichen) fixen Gesamtkosten.

(Fortsetzung der Aufgabe auf S. 116)

c) Nennen Sie Beispiele für die hier anfallenden (monatlichen) variablen Stückkosten.

....

....

d) Zeichnen Sie in das folgende Diagramm die Erlös- und die Kostenkurve für die unterschiedlichen Stückzahlen ein.

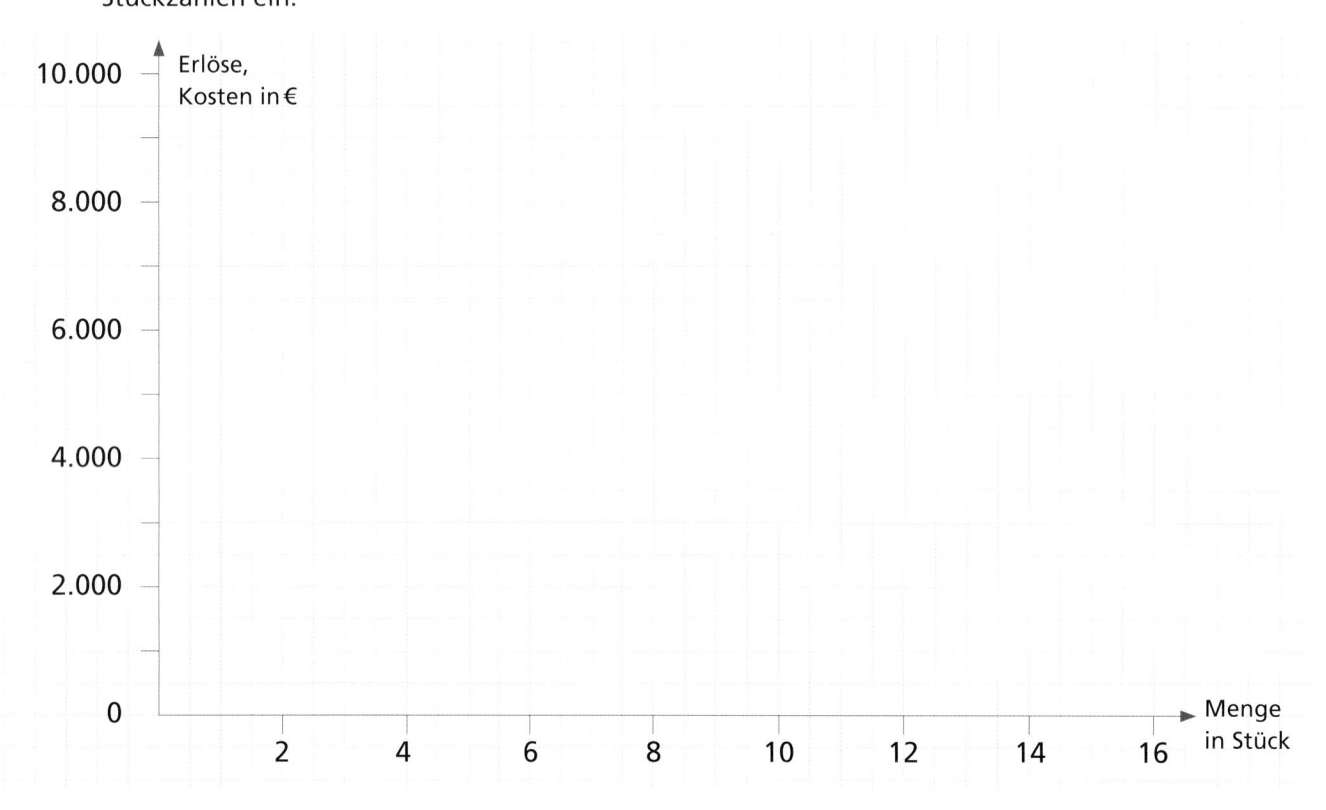

```
Erlöse,
Kosten in €
10.000
 8.000
 6.000
 4.000
 2.000
     0
        2    4    6    8   10   12   14   16   Menge in Stück
```

e) Stellen Sie im Diagramm fest, bei welcher produzierten Menge Herr Meninger weder einen Verlust noch einen Gewinn macht (Kosten = Erlöse). [1]

....

f) Zeichnen Sie in das Diagramm die Kosten, den Erlös und den Gewinn bei einer Monatsproduktion von 10 Stück ein. [2]

....

g) Zeigen Sie, ob sich bei diesem relativ kleinen Auftrag in einem Handwerksbetrieb auch schon das „Gesetz der Massenproduktion" auswirkt.
• Wie lautet das Gesetz der Massenproduktion?

....

• Wirkt es sich hier aus?

....

Die zeichnerischen Lösungen lassen sich auch rechnerisch bestätigen:

[1] $E = K$ → $p \cdot x = K_f + k_v \cdot x$ → $650 \cdot x = 2.150 + 220 \cdot x$ → $x = 5$

[2] $G = E - K$ → $G = p \cdot x - (K_f + k_v \cdot x)$ → $G = 650 \cdot 10 - (2.150 + 220 \cdot 10)$ → $G = 2.150$

8 Simulation einer Unternehmensgründung

Betriebliche Kosten (2)

Name: Datum:

---

3 Ordnen Sie durch Ankreuzen die folgenden Materialien der Schreinerei Meninger richtig zu.

	Rohstoffe	Hilfsstoffe	Betriebsmittel	Fertigerzeugnisse
a) Hobelmaschine				
b) Tischlerplatte				
c) Lack				
d) Hobelbank für Kunden				
e) Schraubzwinge				
f) Furnier				
g) Kleiderschrank				
h) Schleifpapier				

4 Kreuzen Sie an, um welche Kostenart es sich in der Schreinerei Meninger jeweils handelt.

	Materialeinzelkosten	Materialgemeinkosten	Fertigungseinzelkosten	Fertigungsgemeinkosten	Verwaltungsgemeinkosten	Vertriebsgemeinkosten
a) Hilfslöhne für Aufräumarbeiten						
b) Kosten für Nägel und Schrauben						
c) Kosten für Büromaterial						
d) Abschreibung auf Kreissäge						
e) Tischlerplatte						
f) Kosten für Zeitungsanzeige						
g) Facharbeiterlöhne						
h) Stromkostem						
i) Gehalt einer Sekretärin						
j) Furnier						

5 Elektromeister Grimm zeigt Müller ein Angebot über die Elektroinstallation im neuen städtischen Kindergarten.

Herr Grimm rechnet mit folgenden Einzelkosten:
- Steckdosen, Schalter, Fassungen usw.   3.500,00 €
- Leerrohre, Kabel, Sicherungskasten   2.850,00 €
- 180 Facharbeiterstunden à   14,50 €
- 30 Meisterstunden à   22,80 €

Die Zuschläge für die Gemeinkosten betragen:
- Materialgemeinkosten   10 %
- Fertigungsgemeinkosten   215 %
- Verwaltungs- und Vertriebsgemeinkosten   15 %

a) Kalkulieren Sie den Angebotspreis (einschließlich MwSt.), wenn ein Gewinn von 20 % erzielt werden soll. (Verwenden Sie, wenn möglich, ein Kalkulationsprogramm.)

Einzelmaterial		+
+ Materialgemeinkosten	( )	+
= Materialkosten		=
Fertigungslöhne		+
+ Fertigungsgemeinkosten	( )	+
= Fertigungskosten		=
= Herstellkosten		=
+ Verw./Vertr.Gemeinkosten	( )	+
= Selbstkosten		=
+ Gewinnzuschlag	( )	+
= Nettoangebotspreis		=
+ Mehrwertsteuer	( )	+
= Bruttoangebotspreis		=

b) Prüfen Sie, ob Elektromeister Grimm den Auftrag auch annehmen sollte, wenn die Stadt
- nur 26.000,00 €,
- nur 22.000,00 € zahlen könnte. (Rechnerischer Nachweis!)

Bruttopreis   26.000,00 €   22.000,00 €

8 Simulation einer Unternehmensgründung
Marketing (1)

Name: Datum:

1 Früher war die Herstellung von Gütern das Hauptproblem eines Unternehmens. Der Verkauf dagegen war gegenüber sehr vielen Kunden mehr ein Verteilen, also kaum ein Problem.
Heute steht der Unternehmer meist im Wettbewerb mit Konkurrenten, die ähnliche Güter anbieten. Das Hauptproblem für ihn ist: Wie finde ich genügend Abnehmer für meine betriebliche Leistung? Marketing ist die Antwort auf die Verschiebung der Gewichte im Markt vom Verkäufer zum Käufer.

a) In diesem Zusammenhang spricht man einerseits von einem Verkäufermarkt, andererseits von einem Käufermarkt. Erklären Sie diese beiden Begriffe:

Verkäufermarkt: ....

....

Käufermarkt: ....

....

b) Was wird heute durch das Marketing anders gemacht?
  • Es müssen ganz bewusst Marktveränderungen zur Kenntnis genommen werden.
  • Jeder Unternehmer muss sich ganz bewusst mit dem Kunden auseinandersetzen.

Aus diesem Grund lässt sich Marketing folgendermaßen definieren:

Marketing ist ....

....

mit dem Ziel, ...

....

und gleichzeitig ....

2 Der Markt ist vielschichtig und unübersehbar. Jeder muss deshalb seinen Markt so übersichtlich wie möglich gestalten, d.h. abgrenzbare Kunden- oder **Zielgruppen** bilden. Die Zielgruppe ist also ein homogen handelnder Teil des gesamten Marktes. Die Kunden innerhalb dieser Zielgruppe handeln gleich oder sehr ähnlich.

Deshalb hier ein kleiner Test, der auch für Schreiner Meninger wichtig wäre. Welchem Kundentyp würden Sie welchen Stuhl zuordnen?

Lösung:

Typ	Stuhl
1	
2	
3	
4	
5	

3 Grundsätzlich können unten stehende vier Zielgruppen festgehalten werden. Beschreiben Sie deren Eigenschaften und beurteilen Sie die Bedeutung der jeweiligen Zielgruppe für ein Unternehmen:

NETTOERLÖSE: hoch ↑

STAMMKUNDEN

Beurteilung:

SONDERBESTELLER

Beurteilung:

NIEDRIGPREISKUNDEN

Beurteilung:

GEWERBLICHE KUNDEN

Beurteilung:

niedrig — **KOSTEN DER KUNDENBEDIENUNG** — hoch →

8 Simulation einer Unternehmensgründung
Marketing (2)

4 Jeder Unternehmer muss auf die richtige **Produkt- und Sortimentspolitik** achten. Dazu gehören Aussagen über die Qualität seiner Produkte, die Angebotspalette, den Markennamen und das Image.

a) Eine eindeutige Aussage über die **Qualität** zu machen ist sehr schwierig. Jeder versteht etwas anderes unter Qualität. So meint ein Kunde, Bäcker Müller habe die besten Laugenbrezeln, ein anderer ist über deren Qualität sehr enttäuscht. Aus diesem Grund sollte man den Begriff Qualität nach verschiedenen Gesichtspunkten betrachten: Sie wollen beide Laugenbrezeln, der eine zum Frühstück, der andere abends für seine Gäste. Auch dann sollen die Laugenbrezeln also noch frisch sein. Acht Qualitätsmerkmale werden in der folgenden Tabelle genannt. Formulieren Sie diese in Form einer Frage und bilden Sie jeweils ein passendes Beispiel (Laugenbrezeln der Bäckerei Müller):

Qualitätsmerkmal	Frage	Aussage für Bäcker Müller
1. Gebrauchsnutzen	Wofür verwende ich es?	Laugenbrezeln zum Frühstück, abends für Gäste
2. Ausstattung		
3. Zuverlässigkeit		
4. Normgerechtigkeit		
5. Haltbarkeit		
6. Ästhetik		
7. Qualitätsimage		
8. Kundendienst		

b) Bei der Änderung der Unternehmensform in eine GmbH hat Bäcker Müller den neuen Namen „Brotladen" gewählt. Warum ist ein klarer **Markenname** so wichtig?

....
....
....

c) Über die Bäckerei Müller haben die Kunden eine Meinung (Ist-Image). Andererseits möchte die Bäckerei Müller in bestimmter Weise von den Kunden gesehen werden (Soll-Image). Beschreiben Sie das **Ist-Image** Ihrer heimatlichen Bäckerei:

....

(Fortsetzung der Aufgabe auf S. 122)

d) Beschreiben Sie das **Soll-Image,** das die Bäckerei Müller anstreben sollte:

....

....

....

5 a) Ein Unternehmer muss für jedes Produkt bezogen auf seine Zielgruppe die Preishöhe festlegen. Sein Spielraum für die **Preisgestaltung** liegt zwischen

• der Preisobergrenze: ....

und

• der Preisuntergrenze: ....

b) Unterscheiden sich seine Produkte nicht von denen der Konkurrenz, so muss er sich die Frage stellen:

....

c) In welcher Preissituation befindet sich Bäcker Müller mit seinen Laugenbrezeln?

....

....

d) Nennen Sie Hersteller zu den jeweiligen Branchen, die eine besondere Position in ihrem Markt innehaben und deshalb einen höheren Preis verlangen können:

Autos	
Textil	
Haushaltsgeräte	
Porzellan	
Computer	

e) Der einmal vom Anbieter festgelegte Preis kann durch die Gewährung von Rabatten wieder verändert werden. Rabatte sind Preisnachlässe, die für bestimmte Leistungen des Abnehmers gewährt werden und mit dem Produkt in einem direkten Zusammenhang stehen.

Erklären Sie folgende Rabattarten:

• Mengenrabatt: ....

....

• Personalrabatt: ....

....

• Handwerkerrabatt: ....

....

• Barzahlungsrabatt (Skonto): ....

....

8 Simulation einer Unternehmensgründung
Marketing (3)

Name: Datum:

6 Die **Absatzwerbung** gehört neben dem persönlichen Verkauf, der Verkaufsförderung und der Öffentlichkeitsarbeit zum Marketinginstrument Kommunikationspolitik.

a) Was versteht man allgemein unter Werbung?

....
....

b) Wofür wird Werbung eingesetzt?

....
....
....
....

c) Wie wirkt Werbung?

Sender		Empfänger
Unternehmen verschlüsselt Informationen in • Sprache • Bild • Zahlen	Signal = Werbemittel, z. B. .... Kanal = Werbeträger, z. B.	Kunde entschlüsselt Informationen und interpretiert sie subjektiv aus • .... • .... • ....

Messung des Werbeerfolgs, d. h. des vom Unternehmer beabsichtigten Kundenverhaltens

d) Diskutieren Sie in der Klasse die Vor- und Nachteile von Werbung, sowohl für den Unternehmer als auch für den Verbraucher, und notieren Sie sich in der Tabelle einige Stichworte.

	Vorteile	Nachteile
für den Unternehmer		
für den Verbraucher		

7 Erarbeiten Sie eine **Werbeplanung** für Bäcker Müller, der in einem anderen Stadtteil eine neue „Brotladen"-Filiale eröffnen möchte.

Situationsanalyse	

Werbeziele/Werbebotschaft	Ziele:
	Zielgruppe:
	Werbebotschaft:

Werbebudget	

Werbemittel	Werbeträger
	←→
	←→
	←→
	←→
	←→
	←→

Werbezeitraum	

Werbegebiet	

Werbeerfolgskontrolle	

Simulation einer Unternehmensgründung

Marketing (4)

8 Besonders wichtig ist die Fahrzeugwerbung. Beurteilen Sie die folgenden Werbeaufdrucke und entscheiden Sie, was falsch und richtig ist.

a) Was ist hier falsch?

b) Was ist hier richtig?

c) Was ist hier falsch?

d) Was ist hier richtig?

9 Marketing dient dazu, den unternehmerischen Erfolg zu vergrößern. Dieser Anspruch ist nur möglich, wenn der Kunde zufrieden ist und sich diese Zufriedenheit herumspricht, er somit entweder zum Wiederholungskäufer oder Meinungsführer (Empfehler) wird. So muss jedes Unternehmen für jede Zielgruppe seine **Marketinginstrumente** (Marketing-Mix) individuell auswählen und aufeinander abstimmen.

Zum Schluss muss natürlich eine Kontrolle stattfinden, d. h. der geplante und durchgeführte Einsatz der Marketinginstrumente muss auf deren Wirksamkeit hin überprüft werden. Die Frage innerhalb dieser Prüfung kann nur heißen:

Beantworten Sie folgende Fragen und tragen Sie die Antworten in die vorgesehenen Felder des Schaubildes unten ein.

a) Welche Aufgabe hat die Marktforschung?
b) Welche Aufgabe hat die Marktsegmentierung für den Unternehmer?
c) Welche Marketinginstrumente braucht man für den Marketing-Mix?
d) Wie kann man eine Kontrolle über die Wirkung der eingesetzten Marketinginstrumente (des Marketing-Mix) bekommen?

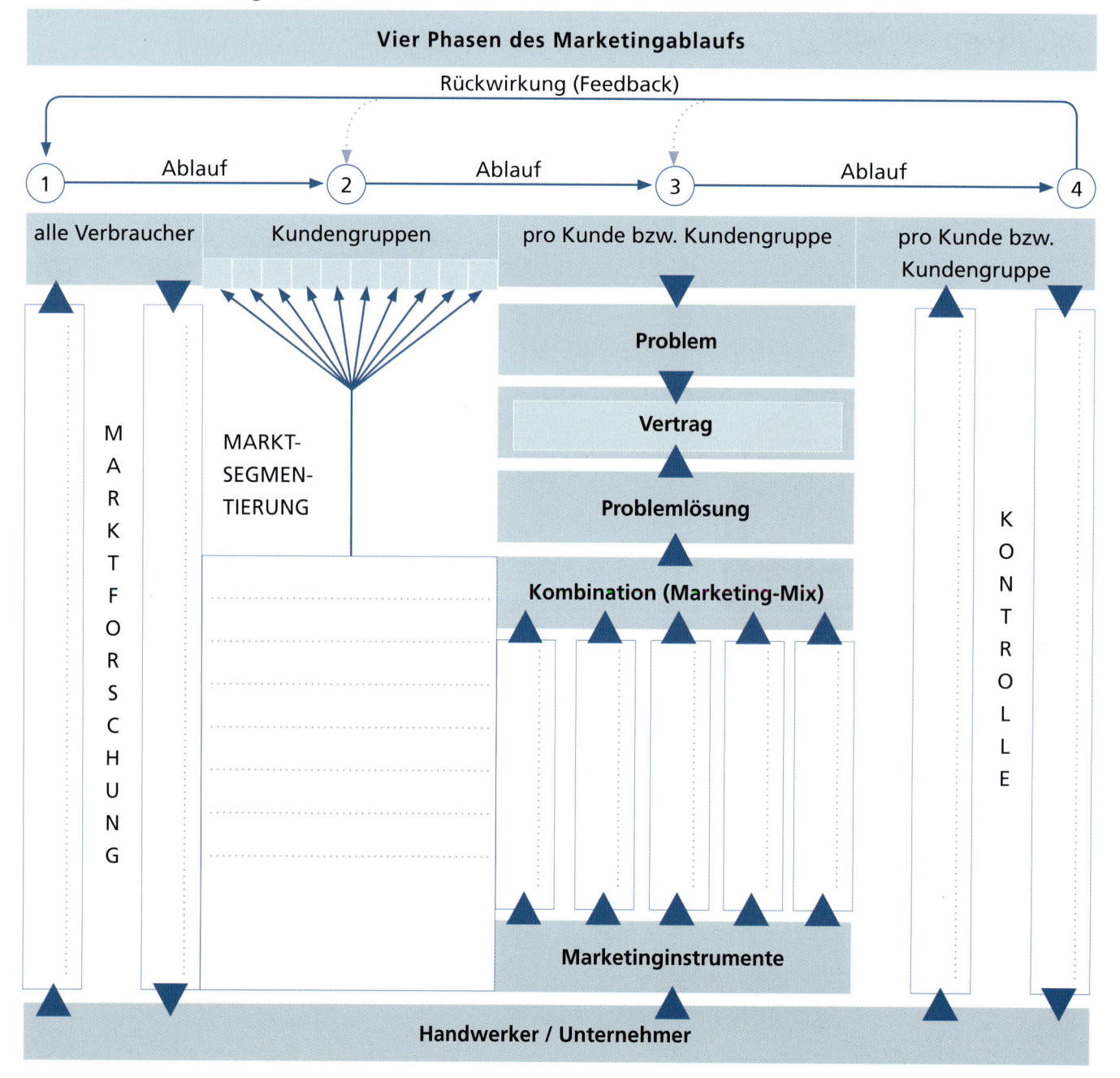

Vier Phasen des Marketingablaufs

Rückwirkung (Feedback)

1 → Ablauf → 2 → Ablauf → 3 → Ablauf → 4

- 1: alle Verbraucher — MARKTFORSCHUNG
- 2: Kundengruppen — MARKTSEGMENTIERUNG
- 3: pro Kunde bzw. Kundengruppe — Problem → Vertrag → Problemlösung → Kombination (Marketing-Mix) — Marketinginstrumente
- 4: pro Kunde bzw. Kundengruppe — KONTROLLE

Handwerker / Unternehmer

Simulation einer Unternehmensgründung

Marketing (5)

10 Verhandlungen mit dem Kunden sind schwierig. Aus diesem Grunde sollte der Unternehmer versuchen, seinen Kunden vor dem persönlichen Gespräch richtig einzuschätzen.
Machen Sie Vorschläge, wie man auf die folgenden Kundentypen reagieren sollte:

a) Der Vielredner (lässt Gesprächspartner kaum zu Wort kommen – schweift leicht vom Thema ab)
Behandlung:

b) Der Schweiger (einsilbig – verschlossen – höchstens knappe Bemerkungen)
Behandlung:

c) Der Rechthaberische (Besserwisser – auf bestimmte Meinungen fixiert – leicht erregbar – knappes, energisches Auftreten)
Behandlung:

d) Der Ängstliche (schüchtern – zurückhaltend – empfindlich – komplexbeladen – unsicher)
Behandlung:

e) Der Misstrauische (lauernd – zurückhaltend – empfindlich – komplexbeladen – unsicher)
Behandlung:

f) Der Unentschlossene (wankelmütig – macht sich immer wieder durch „wenn" und „aber" unsicher)
Behandlung:

11 Unterscheiden Sie zwischen Verkaufsförderung (Sales-Promotion) und Öffentlichkeitsarbeit.

a) Die Verkaufsförderung soll

b) Die Öffentlichkeitsarbeit soll dagegen

c) Welche Möglichkeiten hat Bäcker Müller, um auf sich aufmerksam zu machen?

12 Da heutzutage vielen Verbrauchern die Berücksichtigung von Umweltschutz, Nachhaltigkeit und die Übernahme sozialer Verantwortung im Produktionsprozess wichtig sind, dürfen diese Themen auch von den Unternehmen nicht vernachlässigt werden.

a) Was versteht man unter Corporate Social Responsibility (CSR)?

b) Nennen Sie Beispiele, wo CSR zielgerichtet eingesetzt werden kann?
• im Bereich der Ökonomie:

• im Bereich der Ökologie:

• im sozialen Bereich: